交通技工院校汽车运输类专业新课改教材

汽车维修基础
（第 3 版）

（汽车维修、汽车钣金与涂装专业用）

许 媛 主 编
董浩楠 汤晓乐 副主编

人民交通出版社股份有限公司
北　京

内 容 提 要

本书是交通技工院校汽车运输类专业新课改教材之一,本书包括五个单元、二十个课题。主要阐述了机械传动、常用机构及轴系零件、液压与气压传动、汽车用材料、汽车维修工量具与常用设备等方面知识。本书内容新颖、图文并茂、步骤清晰,易于学习。

本书是交通技工院校、中等职业学校的汽车维修、汽车钣金与涂装专业的基础课程教材,也可作为汽车维修专业技术等级考核及培训用书和相关技术人员的参考用书。

图书在版编目(CIP)数据

汽车维修基础/许媛主编. —3版. —北京:人民交通出版社股份有限公司,2023.1
ISBN 978-7-114-18108-5

Ⅰ.①汽… Ⅱ.①许… Ⅲ.①汽车—车辆修理—中等专业学校—教材 Ⅳ.①U472.4

中国版本图书馆 CIP 数据核字(2022)第 126649 号

Qiche Weixiu Jichu

书　　名	汽车维修基础(第3版)
著 作 者	许　媛
责任编辑	郭　跃
责任校对	赵媛媛　魏佳宁
责任印制	刘高彤
出版发行	人民交通出版社股份有限公司
地　　址	(100011)北京市朝阳区安定门外外馆斜街3号
网　　址	http://www.ccpcl.com.cn
销售电话	(010)59757973
总 经 销	人民交通出版社股份有限公司发行部
经　　销	各地新华书店
印　　刷	北京市密东印刷有限公司
开　　本	787×1092　1/16
印　　张	12.5
字　　数	210千
版　　次	2004年9月　第1版 2016年8月　第2版 2023年1月　第3版
印　　次	2023年1月　第3版　第1次印刷　总第19次印刷
书　　号	ISBN 978-7-114-18108-5
定　　价	35.00元

(有印刷、装订质量问题的图书,由本公司负责调换)

第3版前言

为适应社会经济发展和汽车运用与维修专业技能型人才培养的需求,交通职业教育教学指导委员会汽车(技工)专业指导委员会陆续组织编写了汽车维修、汽车营销、汽车检测等专业技工、高级技工及技师教材,受到广大职业院校师生的欢迎。随着职业教育教学改革的不断深入,职业学校对课程结构、课程内容及教学模式提出了更高、更新的要求。《国家职业教育改革实施方案》中提出"引导行业企业深度参与技术技能人才培养培训,促进职业院校加强专业建设、深化课程改革、增强实训内容、提高师资水平,全面提升教育教学质量"。为此,人民交通出版社股份有限公司根据职业教育改革相关文件精神,组织全国交通类技工、高级技工及技师类院校再版修订了本套教材。

此次再版修订的教材总结了交通技工类院校多年来的汽车专业教学经验,将职业岗位所需要的知识、技能和职业素养融入汽车专业教学中,体现了职业教育的特色。本版教材改进如下:

1. 教材编入了汽车行业的最新知识、新技术、新工艺,更新了标准规范,并对新设备、新材料和新方法进行了介绍,删除了上一版中陈旧内容,替换了老旧车型。

2. 对上一版教材中的错漏之处进行了修订。

《汽车维修基础(第3版)》是汽车运用与维修专业课之一,本书包括五个单元、二十个课题。主要阐述了机械传动、常用机构及轴系零件、液压与气压传动、汽车用材料、汽车维修工量具与常用设备等方面知识。

本书由江苏汽车技师学院许媛担任主编,江苏汽车技师学院董浩楠、汤晓乐任副主编。

限于编者经历和水平,教材内容难以覆盖全国各地中等职业学校的实际情况,希望各学校在选用和推广本系列教材的同时,注重总结教学经验,及时提出修改意见和建议,以便再版修订时改正。

编 者
2022 年 9 月

目 录

单元一 机械传动 ………………………………………………………………… 1
  课题一　带传动与链传动 ……………………………………………………… 1
  课题二　齿轮传动与蜗轮蜗杆传动 …………………………………………… 12
  课题三　轮系与减速器 ………………………………………………………… 22

单元二 常用机构及轴系零件 …………………………………………………… 29
  课题一　平面连杆机构 ………………………………………………………… 29
  课题二　凸轮机构 ……………………………………………………………… 36
  课题三　连接 …………………………………………………………………… 41
  课题四　轴、轴承、联轴器与离合器 ………………………………………… 49

单元三 液压传动与气压传动 …………………………………………………… 67
  课题一　液压传动 ……………………………………………………………… 67
  课题二　气压传动 ……………………………………………………………… 95

单元四 汽车用材料 ……………………………………………………………… 102
  课题一　金属材料的力学性能 ………………………………………………… 102
  课题二　碳素钢 ………………………………………………………………… 108
  课题三　合金钢 ………………………………………………………………… 114
  课题四　铸铁 …………………………………………………………………… 118
  课题五　有色金属 ……………………………………………………………… 121
  课题六　典型金属材料的汽车零件 …………………………………………… 127
  课题七　汽车常用非金属材料 ………………………………………………… 136
  课题八　汽车用燃料 …………………………………………………………… 149

单元五　汽车维修工量具与常用设备 ……………………………………………… 168

　课题一　汽车维修通用工具 …………………………………………………… 168

　课题二　常用测量工具的选用及使用 ………………………………………… 181

　课题三　汽车维修专用工具的选用及使用 …………………………………… 187

参考文献 ………………………………………………………………………………… 194

单元一　机械传动

机械传动是动力传递中最基本的一种方式,它广泛应用于各类机械的动力传递之中,主要有皮带、链条、齿轮、螺杆以及蜗轮蜗杆等传动类型。本单元将介绍各类机械传动的基本形式、工作原理及应用。

课题一　带传动与链传动

一、带传动

带传动是通过传动带来传递运动和动力的,属于挠性传递,与其他机械相比,其结构简单、成本低廉,在工程上得到了广泛应用。带传动由主动轮、从动轮和传动带组成,借助带与带轮之间的摩擦或啮合,将主动轮的运动传给从动轮,根据工作原理不同,带传动可分为摩擦带传动和啮合带传动两类,如图1-1-1所示。在汽车上带传动主要应用V带传动和同步带传动两种类型,如汽车发动机冷却系统采用的V带传动(图1-1-2)、发动机配气机构采用的同步带传动(图1-1-3),本课题着重分析V带传动和同步带传动。

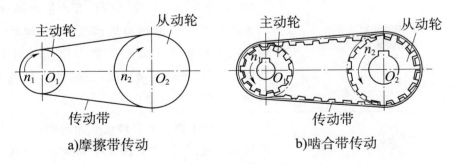

图1-1-1　带传动示意图

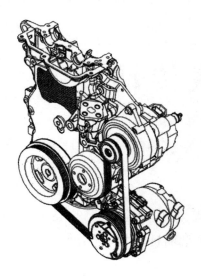

图 1-1-2 发动机冷却系统的 V 带传动

图 1-1-3 发动机配气机构的同步带传动

(一) 带传动的类型和特点

1. 摩擦带传动

按传送带的横截面形状不同,摩擦带传动可分为平带、V 带、圆带、多楔带传动四种类型,见表 1-1-1。

摩擦带传动分类   表 1-1-1

图　　示	特　　点
	(1) 平带传动。平带的横截面为扁平矩形,带内面与带轮接触。平带传动结构简单,带轮制造方便,平带质量轻而且挠曲性好,故多用于高速和中心距较大的传动。常用的平带为橡胶帆布带
	(2) V 带传动。V 带的横截面为等腰梯形,两侧面为工作面。根据楔面摩擦原理,在初拉力相同时,V 带传动所产生的摩擦力比平带传动约大 70%,而且允许的传动比较大,结构紧凑,故在一般机械中已取代平带传动
	(3) 圆带传动。圆带的横截面为圆形,常用皮革或棉绳制成,仅用于载荷很小的传动,如缝纫机和牙科医疗器械中的带传动

续上表

图　　示	特　　点
	（4）多楔带传动。多楔带是在平带的基体下接有若干纵向V形楔的环形带。工作面为楔的侧面，兼有平带挠曲性好和V带摩擦力较大的优点。与普通V带传动相比，在传动尺寸相同时，多楔带传动的功率可大30%，且克服了V带传动各根带受力不均的缺点，传动平稳、效率高，故适用传递功率较大且要求结构紧凑的场合

2. 啮合带传动

啮合带传动依靠带轮上的齿与带上的齿或孔啮合传递运动，有同步带传动和齿孔带传动两种类型，见表1-1-2。

啮合带传动分类　　　　　　　　　　　表1-1-2

图　　示	特　　点
	（1）同步带传动。利用带的齿与带轮上的齿相啮合传递运动和动力，带与带轮间为啮合传动没有相对滑动，可保持主、从动轮线速度同步
	（2）齿孔带传动。带上的孔与轮上的齿相啮合，同样可避免带与带轮之间的相对滑动，使主、从动轮保持同步运动

3. 带传动的特点与应用

带传动的特点如下：

(1) 因传动带有弹性，能吸振缓冲，故传动平衡，噪声小。

(2) 当传动过载时，带在带轮上打滑，可防止其他零件的损坏。

(3) 结构简单，易于制造和安装，故成本低。

(4) 用于中心距较大的传动，并可通过增减带长适应不同中心距的要求。

(5) 因带与带轮间有弹性滑动，故不能保证准确的传动比。

(6) 因带必须张紧在带轮上以产生摩擦力，故对轴的压力大。

(7) 外廓尺寸较大。

(8) 带的寿命较短。

(9) 传动效率较低。

根据上述特点,带传动多用于以下情况:

(1) 中、小功率传动(通常不大于100kW);

(2) 原动机输出轴的第一级传动(工作速度一般为5~25m/s);

(3) 传动比要求不十分准确的机械传动。

(二) V带传动

V带传动是由一条或数条V带和V带轮组成的摩擦传动,V带安装在相应的轮槽内靠与轮槽两侧的摩擦传递动力。与平带传动比较,V带传动的摩擦力大,因此可以传递较大功率。V带较平带结构紧凑,而且V带是无接头的传动带,所以传动较平稳,是带传动在汽车中应用最广的一种传动。

1. V带的结构

按《带传动　普通V带和窄V带尺寸》(GB/T 11544—2012)规定,V带已标准化,是没有接头的环形带,截面为梯形,两个梯形侧面为工作面,其夹角α= 40°,常用V带的主要类型有普通V带、窄V带、宽V带、半宽V带等,采用的结构有线绳和帘布两种类型,如图1-1-4所示。

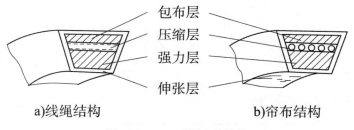

图1-1-4　V带剖面结构

2. 普通V带传动的主要参数

按GB/T 11544—2012规定,普通V带分为Y、Z、A、B、C、D、E七种,其截面形状如图1-1-5所示。截面尺寸如表1-1-3所示。Y型V带的截面积最小,E型V带的截面积最大。V带的截面积越大其传递的功率也越大。

3. V带轮

V带轮的材料可采用灰铸铁、钢、铝合金或工程塑料,以灰铸铁应用最为广泛。当带速v不大于25m/s时,采用HT150;v>25~30m/s时,采用HT200;速度更高的带轮可采用球墨铸铁或铸钢,也可采用钢板冲压后焊接带轮,小功率传动可采用铸铝或工程塑料。带轮由轮缘、轮辐、轮毂三部分组成。

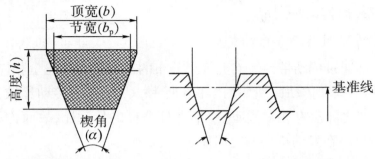

a)普通V带的截面形状　　　　b)V带轮的轮槽截面

图 1-1-5　V带及带轮轮槽截面形状

普通 V 带的截面尺寸(mm)　　　　　　　　表 1-1-3

型 号	节宽 b_p	顶宽 b	高度 h	楔角 α
Y	5.3	6.0	4.0	40°
Z	8.5	10.0	6.0	
A	11.0	13.0	8.0	
B	14.0	17.0	11.0	
C	19.0	22.0	14.0	
D	27.0	32.0	19.0	
E	32.0	38.0	25.0	

4. V带传动特点

V带传动的优点如下：

(1)带是弹性体,能缓和载荷冲击,运行平稳无噪声。

(2)过载时将引起带在带轮上打滑,因而可起到保护整机的作用。

(3)制造和安装精度不像啮合传动那样严格,维护方便、无须润滑。

(4)可通过增加带的长度以适应中心距较大的工作条件。

V带传动的缺点如下：

(1)带与带轮的弹性滑动使传动比不准确,效率较低、寿命较短。

(2)传递同样大的圆周力时,外廓尺寸和轴上的压力都比啮合传动大。

(3)不宜用于高温和易燃等场合。

(三)同步带传动

同步带传动即啮合型带传动。传统的远距离传动多选用 V 带传动或链条传动,但 V 带传动的弹性滑动、链条传动中的噪声及震颤抖动极大影响了机械设备的性能,因而在汽车行业中同步带传动被广泛使用。在汽车发动机配气机构中使用的同步带又称为正时皮带。

1. 同步带(正时皮带)的结构

同步带传动通过传动带内表面上等距分布的横向齿和带轮上相应齿槽的啮合来传递运动,其结构和传动原理如图1-1-6所示。与摩擦带传动比较,同步带传动的带轮和传动带之间没有相对滑动,能够保证严格的传动比,故而称为正时皮带。同步带(正时皮带)在发动机中的应用如图1-1-7所示。

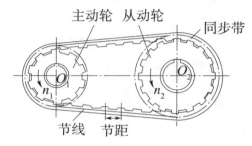

图 1-1-6 同步带

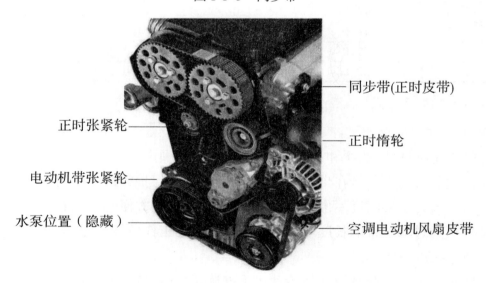

图 1-1-7 同步带(正时皮带)在发动机上的应用

2. 同步带传动的优点

(1)传动准确,工作时无滑动,具有恒定的传动比。

(2)传动平稳,具有缓冲、减振能力,噪声小。

(3)传动效率高,可达0.98,节能效果明显。

(4)维护方便,不需润滑,维护费用低。

(5) 速比范围大,一般可达 10,线速度可达 50m/s,具有较大的功率传递范围,可达几瓦到几百千瓦。

(6) 可用于长距离传动,中心距可达 10m 以上。

(7) 相对于 V 带传送,预紧力较小,轴和轴承上所受载荷小。

二、链传动

与带传动相比,链传动是啮合传动,故没有弹性滑动和打滑现象,其传动比准确、效率较高、无须较大的初拉力,对轴的作用力较小;传递相同载荷时,结构更紧、拆装方便,能在高温、粉尘、泥沙等恶劣条件下工作。与齿轮传动相比,链传动制造和安装精度要求较低。由于链传动工作时啮合齿数较多,链传动受力较小、强度较高、磨损较低,适用于较大中心距传动。

链传动是以链条为中间传动件的啮合传动。如图 1-1-8 所示,链传动由主动链轮、从动链轮和绕在链轮上并与链轮啮合的链条组成。

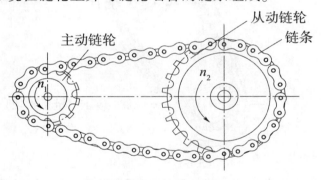

图 1-1-8 链传动

(一) 链传动的类型

按照用途不同,链可分为起重链、牵引链和传动链三大类。起重链主要用于起重机械中提起重物,其工作速度 $v \leqslant 0.25 \text{m/s}$;牵引链主要用于链式输送机中移动重物,其工作速度 $v \leqslant 4 \text{m/s}$;传动链用于一般机械中传递运动和动力,通常工作速度 $v \leqslant 15 \text{m/s}$。传动链有齿形链和滚子链两种。汽车上常使用的是齿形链,如图 1-1-9 所示。

(二) 链传动的特点

(1) 和带传动相比,链传动能保持平均传动比不变,传动效率高、张紧力小。因此作用在轴上的压力较小,能在低速重载、高温条件及尘土飞扬的不良环境中工作。

(2)和齿轮传动相比,链传动可用于中心距较大的场合且制造精度较低。

(3)链传动只能传递平行轴之间的同向运动,不能保持恒定的瞬时传动比,运动平稳性差,工作时有噪声。

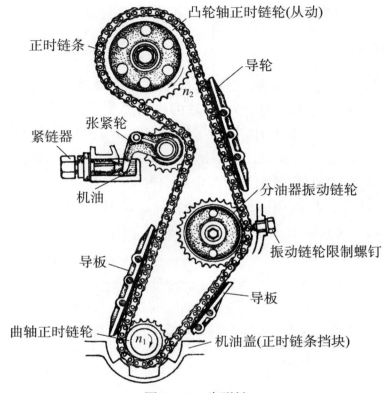

图 1-1-9　齿形链

通常链传动传递功率为 $P\leq100kW$,中心距 $a\leq5\sim6m$,传动比 $i\leq8$,线速度 $v\leq15m/s$,广泛应用于农业机械、建筑工程机械、轻纺机械、石油机械等各种机械传动中。

(三)链传动的运动特性

链传动的运动情况和绕在多边形轮子上的带很相似。多边形边长相当于链节距 p,边数相当于链轮的齿数 z。链轮每转过一周,链条转过的长度为 pz,当两链轮的转速分别为 n_1 和 n_2 时,链条的平均速度为:

$$v=\frac{z_1 p n_1}{60\times1000}=\frac{z_2 p n_2}{60\times1000}\quad(m/s) \tag{1-1-1}$$

由式(1-1-1)得链传动的平均传动比为:

$$i_{12}=\frac{n_1}{n_2}=\frac{z_2}{z_1} \tag{1-1-2}$$

虽然链传动的平均速度和平均传动比不变,但它们的瞬时值却是周期性变化的。链传动工作时不可避免地会产生振动、冲击及附加动载荷,使传动不平稳,因此链传动不适用于高速传动。

(四) 链传动主要参数的选择

1. 滚子链的结构和规格

滚子链由内链板、套筒、销轴、外链板和滚子组成,如图 1-1-10a)所示。内链板和套筒、外链板和销轴用过盈配合固定,构成内链节和外链节。销轴和套筒之间为间隙配合,构成铰链,将若干内外链节依次铰接形成链条。滚子松套在套筒上可自由转动,链轮轮齿与滚子之间的摩擦主要是滚动摩擦。链条上相邻两销轴中心的距离称为节距,用 p 表示,节距是链传动的重要参数。节距 p 越大,链的各部分尺寸和质量也越大,承载能力越高,且在链轮齿数一定时,链轮尺寸和质量随之增大。因此,设计时在保证承载能力的前提下,应尽量采取较小的节距。载荷较大时可选用双排套筒滚子链(图 1-1-10b)或多排链,但排数一般超过三排或四排,以免由于制造和安装误差的影响使各排链受载不均。

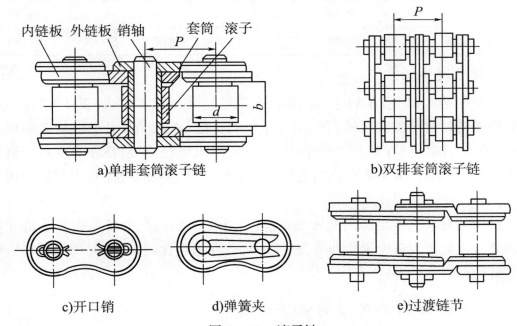

图 1-1-10 滚子链

链条的长度用链节数表示,一般选用偶数链节,这样链的接头处可采用开口销或弹簧夹来固定,如图 1-1-10c)、d)所示,前者用于大节距链,后者用于小节距链。当链节为奇数时,需采用过渡链节,如图 1-1-10e)所示。由于过渡链节的链板受附加弯矩的作用,一般应避免采用。GB/T 1243—2006 规定滚子链分为 A、B 系列,其中 A 系列较为常用,其主要参数见表 1-1-4。

A 系列滚子链的基本参数和尺寸　　　　表 1-1-4

链号	节距 p (mm)	排距 P_t (mm)	滚子外径 d_1 (mm)	内链节内宽 b_1 (mm)	销轴直径 d_2 (mm)	内链板高度 h_2 (mm)	单排极限拉伸载荷 F_Q (kN)	单排每米质量 q (kg/m)
08A	12.70	14.38	7.92	7.85	3.98	12.07	13.8	0.60
10A	15.875	18.11	10.16	9.40	5.09	15.09	21.8	1.00
12A	19.05	22.78	11.91	12.57	5.96	18.08	31.1	1.50
16A	25.40	29.29	15.88	15.75	7.94	24.13	55.6	2.60
20A	31.75	35.76	19.05	18.90	9.54	30.18	86.7	3.80
24A	38.10	45.44	22.23	25.22	11.11	36.20	124.6	5.60
28A	44.45	48.87	25.40	25.22	12.71	42.24	169.0	7.50
32A	50.80	58.55	28.58	31.55	14.29	48.26	222.4	10.10
40A	63.50	71.55	39.68	37.85	19.85	60.33	347.0	16.10
48A	76.20	87.83	47.63	47.35	23.81	72.39	500.4	22.60

2. 滚子链链轮

链轮的结构如图 1-1-11 所示,直径小的链轮常制成实心式(图 1-1-11a);中等直径的链轮常制成辐板式(图 1-1-11b);大直径($d>200$mm)的链轮常制成组合式,可将齿圈焊接在轮毂上(图 1-1-11c)或采用螺栓连接(图 1-1-11d)。链轮的齿形应能保证链节平稳而自由地进入和退出啮合,不易脱链,且形状简单便于加工。

链轮的材料应有足够的强度和耐磨性,齿面要经过热处理。由于小链轮轮齿的啮合次数比大链轮轮齿的啮合次数多,受冲击也比较大,因此所用材料应优于大链轮。

三、带传动与链传动的张紧方法

(一) 带传动的张紧方法

带传动的张紧程度对其传动能力、寿命和轴压力都有很大的影响。根据带的摩擦传动原理,在安装时需对带进行张紧;当带传动运行一段时间后,带由于塑性变形和磨损将变得松弛,此时为了保证带传动的正常运行,需对带传动进行调整,使带重新张紧。

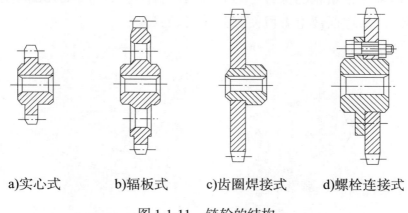

a)实心式　　b)辐板式　　c)齿圈焊接式　　d)螺栓连接式

图 1-1-11　链轮的结构

常用的张紧方法有调整中心距张紧和使用张紧轮张紧两类。其中调整中心距法又可分为定期张紧与自动张紧。

1. 定期张紧

如图 1-1-12a)、b) 所示,将装有带轮的电动机装在滑道上,旋转调节螺钉以增大或减小中心距从而达到张紧或松开的目的,这种张紧装置适用于水平或倾角不大的带传动。

2. 自动张紧

如图 1-1-12c) 所示,把电动机装在摇摆架上,利用电机的自重,使电动机轴心绕铰点 A 摆动,拉大中心距达到自动张紧的目的,这种装置适用于不方便调整中心距的小功率带传动。

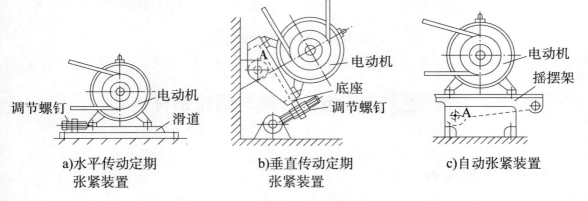

a)水平传动定期张紧装置　　b)垂直传动定期张紧装置　　c)自动张紧装置

图 1-1-12　调整中心距张紧

3. 张紧轮法

带传动的中心距不能调整时,可采用张紧轮法。如图 1-1-13a)所示为定期张紧装置,定期调整张紧轮的位置可达到张紧的目的。如图 1-1-13b)所示为摆锤式自动张紧装置,依靠摆锤重力可使张紧轮自动张紧。

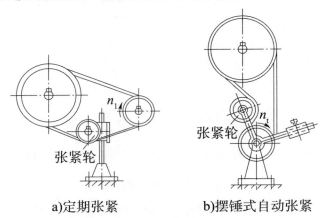

a)定期张紧　　　　b)摆锤式自动张紧

图 1-1-13　张紧轮法

(二) 链传动的张紧方法

链传动张紧的方法很多,若链轮的位置能够移动,则可通过调节链轮中心距的方式对链条进行张紧,具体方法与带传动的张紧类似,如图 1-1-14 所示。

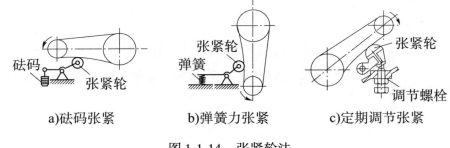

a)砝码张紧　　　　b)弹簧力张紧　　　　c)定期调节张紧

图 1-1-14　张紧轮法

课题二　齿轮传动与蜗轮蜗杆传动

一、齿轮传动

齿轮传动是机械传动的重要方式之一,它能够在距离较近的空间内,任意两

单元一 机械传动

轴之间传递运动和动力。齿轮是一种有齿的机械元件,两个相互啮合的齿轮可组成一个齿轮副。利用齿轮副来传递运动和动力的机械传动方式称为齿轮传动。齿轮传动由主动齿轮、从动齿轮和支承件等组成。

(一)齿轮传动的特点与分类

1. 齿轮传动的优点

(1)传动比准确,可靠性高。
(2)传动效率高(传动效率为96%~99%),工作寿命长。
(3)结构紧凑,所占空间位置小,可在空间任意两轴之间传递运动和动力。
(4)传递的功率、速度和尺寸范围大。齿轮传动的速度最大可达300m/s,传递功率可从几瓦到十几万千瓦,齿轮直径可从几毫米到几十米。

2. 齿轮传动的缺点

(1)制造齿轮需要使用专用的设备,故制造成本高。
(2)安装精度要求较高,否则会出现较大的振动和噪声。
(3)不适用于两轴中心距较大的传动场合。

3. 齿轮的结构和类型

(1)按齿轮直径确定齿轮的类型(表1-2-1)

齿轮的类型(按齿轮直径)　　　　　　　　　　　表1-2-1

齿轮轴	实体式齿轮	腹板式齿轮	轮辐式齿轮

(2)按轮齿齿廓曲线形状确定齿轮的类型(表1-2-2)

齿轮的类型(按齿廓曲线形状)　　　　　　　　表1-2-2

类型名称	图例	说明
渐开线齿轮	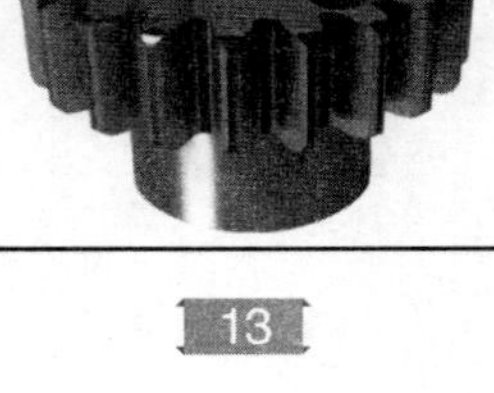	一直线在圆周上纯滚动,该直线上任一点的轨迹为该圆的渐开线

13

续上表

类型名称	图例	说明
圆弧齿轮		一段圆弧(简称母圆)沿着圆柱面上螺旋线(简称准线)运动而形成的圆弧螺旋曲面。从法面内母圆被称为法面圆弧齿轮,从端面上母圆被称为端面圆弧齿轮
摆线齿轮	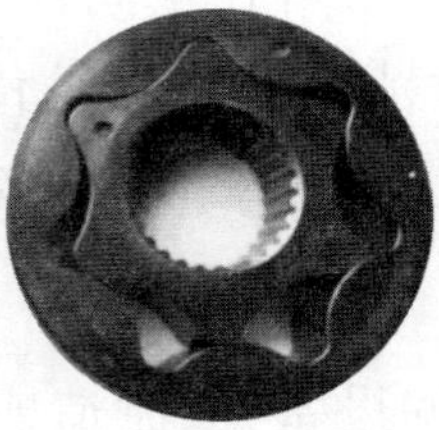	一个圆沿一直线滚动,该圆上任一点的轨迹为摆线

(二) 齿轮传动的应用

1. 按齿轮副两传动轴的相对位置不同分类(表1-2-3)

齿轮传动的类型(按传动轴相对位置)　　　　表1-2-3

分类方法		类型	图例	应用
两轴平行	按轮齿方向分	直齿圆柱齿轮传动		适用于圆周速度较低的传动,尤其适用于变速器的换挡齿轮
		斜齿圆柱齿轮传动		适用于圆周速度较高、载荷较大且要求结构紧凑的场合
		人字圆柱齿轮传动		适用于载荷大且要求传动平稳的场合

续上表

分类方法		类型	图例	应用
两轴平行	按啮合类型分	外啮合齿轮传动		适用于圆周速度较低的传动,尤其适用于变速器的换挡齿轮
		内啮合齿轮传动		适用于结构要求紧凑且效率较高的场合
		齿轮齿条传动		适用于将连续转动变换为往复移动的场合
两轴不平行	相交轴齿轮传动	锥齿轮传动		直齿圆锥齿轮适用于圆周速度较低、载荷小而稳定的场合
				曲齿圆锥齿轮适用于承载能力大、传动平稳、噪声小的场合
	交错轴齿轮传动	交错轴斜齿轮传动		适用于圆周速度较低、载荷小的场合
		蜗轮蜗杆传动		适用于传动比较大,且要求结构紧凑的场合

2. 按工作条件环境不同分类(表 1-2-4)

齿轮传动的类型(按工作条件环境)　　　表 1-2-4

类　型	图　例	应　用
开式齿轮传动		齿轮传动工作在开放环境中,工作过程中容易落入灰尘,同时润滑不充分,导致齿轮容易磨损,故仅适用于简单机械或低速传动的场合
半开式齿轮传动		齿轮外部安装有简易的防护罩,处于半开放状态,多用于农业机械和建筑机械等
闭式齿轮传动		齿轮被封闭在刚性箱体内,可提供充足的润滑并防止灰尘等杂物落入齿轮表面,重要的齿轮传动通常都采用闭式传动,如汽车的变速器和驱动桥等

(三)汽车齿轮基本参数

1. 渐开线标准直齿圆柱齿轮的基本参数和尺寸

如图 1-2-1a)所示,一条直线与圆 O 相切,从位置 Ⅰ 沿圆周作纯滚动到位置 Ⅱ,直线上任一点 K 的轨迹形成一条曲线 AK,AK 称为圆 O 的渐开线,圆 O 称为基圆,直线 BK 称为发生线。以同一基圆形成的两条对称的渐开线作为齿廓的齿轮称为渐开线齿廓,如图 1-2-1b)所示。渐开线的形状取决于基圆的大小。

如图 1-2-1c)所示,基圆半径越小,渐开线越弯曲;基圆半径越大,渐开线越趋平直。当基圆半径趋于无穷大时,渐开线便成为直线。所以渐开线齿条(直径为无穷大的齿轮)具有直线齿廓。渐开线是从基圆开始向外逐渐展开的,故基圆以内无渐开线。

渐开线齿廓的啮合特性如下(图 1-2-2):

(1)保证精确的瞬时传动比。一对渐开线齿轮啮合时,两齿廓的公法线 $n-n$ 与两轮圆心连线 O_1O_2 相交于 C 点,C 点称为节点,分别以 O_1、O_2 为圆心,以 O_1C、O_2C 为半径作圆,所得的圆称为节圆。

(2)具有中心距可分性。由于渐开线齿轮加工完成后,基圆半径为定值。因此当两轮的中心距稍有改变时,两轮啮合时的传动比仍保持不变。这种性质称为渐开线齿轮传动中心距的可分性。

(3)齿廓间的正压力方向不变。一对渐开线齿轮啮合时,两齿廓的啮合点一定在两基圆的内公切线 N_1N_2,N_1N_2 是啮合点 K 走过的轨迹,称为啮合线。

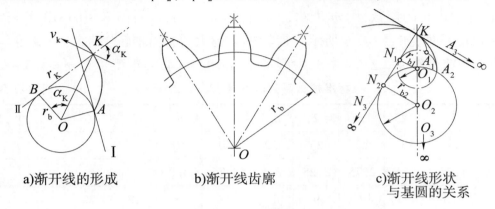

a)渐开线的形成　　　b)渐开线齿廓　　　c)渐开线形状与基圆的关系

图 1-2-1　渐开线

2. 渐开线标准直齿圆柱齿轮各部分名称和基本参数

国家标准规定齿轮分度圆上的参数作为齿轮的基本参数,除了齿距、齿厚及齿槽宽外,齿轮还有齿数、模数、压力角、齿顶高系数和顶隙系数等基本参数。渐开线直齿圆柱齿轮各部分的名称如图 1-2-3 所示。

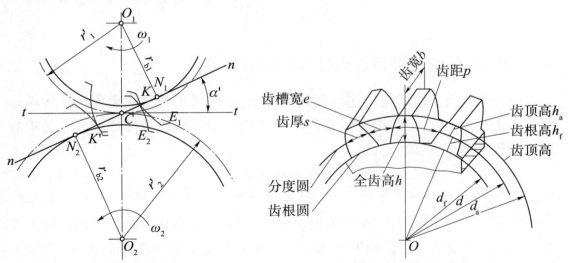

图 1-2-2　渐开线齿廓的啮合特性　　　图 1-2-3　渐开线直齿圆柱齿轮各部分的名称

1)齿数

齿轮圆周上轮齿的总数量称为齿数,用 z 表示。

2) 模数

齿轮分度圆的直径 d 与齿数 z、齿距 p 存在关系：

$$d = \frac{p}{\pi}z = mz \qquad (1\text{-}2\text{-}1)$$

为了便于设计、制造、安装以及考虑互换性的要求，通常将 $m = p/\pi$ 规定为标准值，称为齿轮的模数，用 m 表示，其单位为 mm。我国目前采用的 GB/T 1357—2008 标准系列，如表 1-2-5 所示。齿轮模数越大，抗弯曲能力越大，一般轿车、轻便货车变速齿轮 $m = 2.5 \sim 3.5$，中型货车 $m = 3.5 \sim 4.5$，重型货车 $m = 4.5 \sim 6$。

标准模数系列（GB/T 1357—2008） 表 1-2-5

第一系列	1	1.25	1.5	2	2.5	3	4	5	6	8	10
	12	16	20	25	32	40	50				
第二系列	1.75	2.25	2.75	(3.25)	3.5	(3.75)	4.5				
	5.5	(6.5)	7	9	(11)	14	18	22	28	36	45

3. 标准直齿圆柱齿轮各部分名称和主要参数

如图 1-2-3 所示，若一齿轮的模数 m、分度圆压力角 α、齿顶高系数 h_a、齿根高系数 h_f 均为标准值，且其分度圆上齿厚 s 与齿槽宽 e 相等，则称其为标准齿轮。因此，对于标准齿轮：

$$s = e = \frac{p}{2} = \frac{\pi m}{2} \qquad (1\text{-}2\text{-}2)$$

（四）渐开线标准直齿圆柱齿轮的啮合传动

一对渐开线直齿齿轮能连续顺利地传动，必须要求各对轮齿依次正确啮合而互不干扰。因此，一对渐开线直齿圆柱齿轮正确啮合的条件是两齿轮的模数和压力角分别相等，即：

$$m_1 = m_2 = m \qquad (1\text{-}2\text{-}3)$$
$$\alpha_1 = \alpha_2 = \alpha \qquad (1\text{-}2\text{-}4)$$

为了齿轮加工过程中，不发生根切现象，规定标准直齿圆柱齿轮的齿数不能少于 17 齿，即 $Z_{\min} = 17$。如果实际工作中确定需要齿轮齿数少于 17 齿，必须采用变位齿轮。

齿轮连续啮合条件。一对轮齿的啮合过程中要保证齿轮能连续啮合传动，当前一对轮齿啮合时，后一对轮齿必须提前或至少同时到达开始啮合，这样传动才能连续进行。

如图 1-2-4 所示,齿轮传动时,如果相互啮合的轮齿之间有侧隙,在传动过程中将会出现振动和冲击。为实现无侧隙啮合,在安装齿轮时应保证分度圆与节圆重合,称为标准安装。

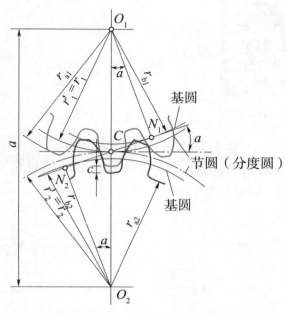

图 1-2-4 直齿圆柱齿轮的标准安装

当分度圆和节圆重合时,便可满足无侧隙啮合条件。安装时使分度圆与节圆重合的一对标准齿轮的中心距称为标准中心距,用 a 表示。

$$a = r'_1 + r'_2 = r_1 + r_2 = \frac{m}{2}(z_1 + z_2) \tag{1-2-5}$$

二、蜗轮蜗杆传动

蜗轮蜗杆传动由蜗杆、蜗轮和机架组成,主要用于空间两交错轴之间运动和动力的传递,如图 1-2-5 所示。通常蜗杆与蜗轮的轴线在空间交错成 90°,一般以蜗杆为主动件,蜗轮为从动件。

蜗杆传动既有齿轮传动的某些特点,又有区别于齿轮传动的特性。与齿轮传动相比,蜗杆传动具有以下特点。

(1) 传动比大且准确,结构紧凑。
(2) 由于蜗杆的齿是连续的螺旋形,所以传动平稳,噪声很小。
(3) 可实现自锁,在提升重物时可任意停留在空间,不会脱落。
(4) 传动效率低,连续工作时要有良好的润滑和散热措施。

（5）蜗杆磨损严重，为减少磨损，采用较贵重的青铜来提高效率和延长使用寿命。

（6）即使是相同模数的蜗轮和蜗杆也不能任意互换啮合。

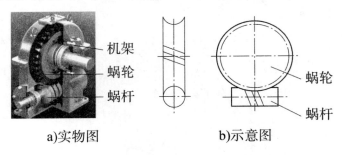

图 1-2-5　蜗轮蜗杆传动的组成

根据蜗杆外部形状不同，蜗杆传动可分为圆柱面蜗杆传动、圆弧面蜗杆传动和锥面蜗杆传动三种，如图 1-2-6 所示。

图 1-2-6　蜗杆传动的类型

普通圆柱蜗杆传动的示意图如图 1-2-7 所示，通过蜗杆轴线且垂直于蜗轮轴线的平面称为中间平面。普通圆柱蜗杆传动的主要参数和几何尺寸均以中间平面的参数为标准值。

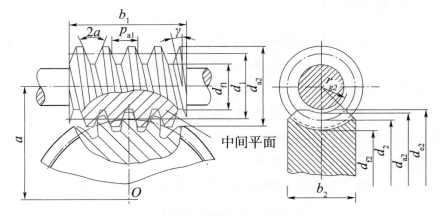

图 1-2-7　普通圆柱蜗杆传动

蜗杆转动时,蜗轮与蜗杆的旋向应保持一致,即同为左旋或右旋。具体可通过右手定则进行判断。

如图1-2-8所示,右手张开伸直,使手心朝向自己,四指指向蜗杆或蜗轮的轴线方向,若大拇指的指向与齿形方向一致,则表示该蜗杆或蜗轮为右旋。

a)右旋蜗杆　　　b)右旋蜗杆　　　c)左旋蜗杆

图1-2-8　判断蜗杆与蜗轮旋向的判定方法

为了正确地利用蜗杆传动,需要确定蜗轮的回转方向。(图1-2-9)蜗轮的回转方向与蜗杆的旋向和回转方向有关,具体可通过左(右)手定则来判定。判定方法是:当蜗杆是右旋(或左旋)时,伸出右手(或左手),用四指顺着蜗杆的旋转方向握拳,与大拇指的指向相反,为蜗轮的旋转方向。

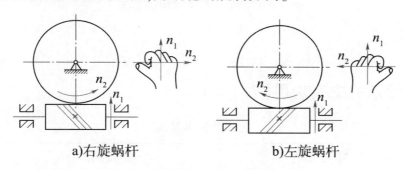

a)右旋蜗杆　　　　　　　　b)左旋蜗杆

图1-2-9　蜗轮回转方向的判定方法

如图1-2-10所示。汽车所用的蜗杆蜗轮(曲柄双销)式转向器,主要由转向器壳体、转向蜗杆、转向摇臂轴、蜗轮(曲柄和指销)、上下盖、调整螺塞和螺钉、侧盖等组成。

转向器壳体固定在车架的转向器支架上。壳体内装有传动副,其主动件是转向蜗杆,从动件是装在摇臂曲柄端部的指销(蜗轮组件)。

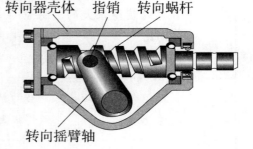

图1-2-10　曲柄指销式转向器

汽车转向时,驾驶员通过转向盘转动转向蜗杆(主动件)转动,与其相啮合的指销(从动件)一边自转,一边以曲柄为半径绕摇臂轴轴线在蜗杆的螺纹槽内作圆弧运动,从而带动曲柄、进而带动转向摇臂摆动,实现汽车转向。

课题三 轮系与减速器

齿轮传动在机械中具有广泛的应用,而仅有一对齿轮往往难以满足实际的需求,为此需要采用一系列相互啮合的齿轮组成的传动系统——轮系来进行减速、变速及增速等过程,如图1-3-1所示的为汽车变速器中的轮系。

图1-3-1 汽车变速器中的轮系

一、轮系

(一)轮系的主要功用(表1-3-1)

轮系的主要功用　　　　　　表1-3-1

序号	功用	说明
1	可以获得很大的传动比	很多机械要求获得很大的传动比,机床中的电动机转速很高,而主轴的转速要求很低,才能满足切削要求,一对齿轮的传动比只能达到3~6,若采用轮系就可以达到很大的传动比
2	可以作较远距离的传动	当两轴中心距较远时,若仅用一对齿轮传动,势必将齿轮做得很大,结构不合理,而采用轮系传动则结构紧凑、合理
3	可以实现变速、变向的要求	一般机器为了适应各种工作需要,多采用轮系组成各种机构,将转速分为多级进行变换,并能改变转动方向
4	可以合成或分解运动	采用周转轮系可以将两个独立运动合成一个运动,或将一个运动分解为两个独立运动

(二)轮系的分类

轮系是指由一系列相互啮合的齿轮组成的传动系统。根据传动时齿轮轴线是否固定,轮系可分为定轴轮系和周转轮系。

1. 定轴轮系(图 1-3-2)

传动时,各齿轮的几何轴线相对于机架都处于固定状态的轮系称为定轴轮系。

2. 周转轮系(图 1-3-3)

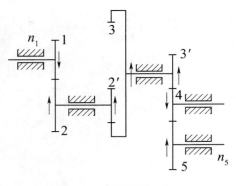

图 1-3-2 定轴轮系

传动时,至少有一个齿轮的几何轴线相对机架的位置不固定的轮系称为周转轮系。周转轮系中,轴线固定的齿轮称为太阳轮;绕自身轴线转动又随着构件 H 一起绕太阳轮轴线回转的齿轮称为行星轮。

3. 复合轮系(图 1-3-4)

轮系中既包含定轴轮系,又包含1个或多个周转轮系。

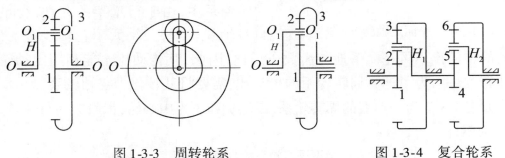

图 1-3-3 周转轮系　　　　　图 1-3-4 复合轮系

(三)轮系传动比的计算

1. 定轴轮系传动比的计算

轮系中主动轮与从动轮的转速之比称为该轮系的传动比,用 i 表示。求轮系的传动比不仅要计算它的数值,而且还要确定两轮的转向关系。除了用正负号外,普通轮系中各轮转向的关系还可用画箭头的方法来表示,如图 1-3-5 所示的是一对齿轮啮合时的转动方向。

如图 1-3-6 所示的定轴轮系。齿轮 1 为主动轮,齿轮 5 为从动轮,设各轮的齿数为 z_1、z_2……,各轮的转速为 n_1、n_2……,则该轮系的传动比 i_{15} 可由各对啮合齿轮的传动比求出。

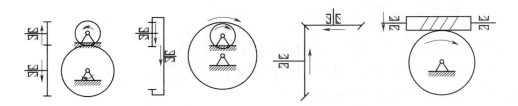

图 1-3-5　一对齿轮啮合时的转动方向

$$i_{15} = \frac{n_1}{n_5} = (-1)^m \frac{z_2 \cdot z_3 \cdot z_4 \cdot z_5}{z_1 \cdot z_{2'} \cdot z_{3'} \cdot z_{4'}} \quad (1\text{-}3\text{-}1)$$

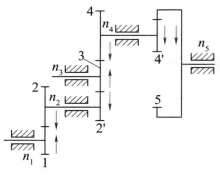

图 1-3-6　平面定轴轮系

式中，m 为轮系中的外啮合数量。

齿轮3既是主动轮，又是从动轮，它的齿数在计算传动比时可约去，不影响传动比的大小，只起改变转向的作用。像齿轮3这样不影响传动比大小，只改变传动方向的齿轮称为惰轮。

2. 周转轮系传动比的计算

周转轮系中，由于行星架的存在，行星轮既绕自身轴线转动，又绕太阳轮轴线转动，各轮间的传动比不再是简单地与齿数成反比，因此，其传动比不能利用定轴轮系的计算方法。为了计算周转轮系的传动比，需要将其转化为定轴轮系。

如表1-3-2为一典型的周转轮系，齿轮1和3为中心轮，齿轮2为行星轮，构件 H 为系杆。

典型周转轮系啮合情况分析　　　　　　表1-3-2

	图　　例	分　　析
行星轮系		由于行星轮2既绕轴线 O_1O_1 转动，又随系杆 H 绕 OO 转动，不是绕定轴的简单转动，所以，不能直接用求定轴轮系传动比的公式来求周转轮系的传动比

图 例	分 析
转化机构 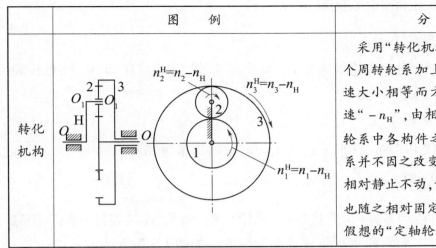	采用"转化机构法",即假想给整个周转轮系加上一个与系杆的转速大小相等而方向相反的公共转速"$-n_H$",由相对运动原理可知,轮系中各构件之间的相对运动关系并不因之改变,但此时系杆变为相对静止不动,齿轮 2 的轴线 O_1O_1 也随之相对固定,周转轮系转化为假想的"定轴轮系"

各构件在转化前、后的转速见表 1-3-3。

构 件 转 化 转 速　　　　　　　　　　表 1-3-3

构　件	原来的转速	转化后的转速
齿轮 1	n_1	$n_1^H = n_1 - n_H$
齿轮 2	n_2	$n_2^H = n_2 - n_H$
齿轮 3	n_3	$n_3^H = n_3 - n_H$
系杆 H	n_H	$n_H^H = n_H - n_H$

转化轮系中各构件的转速 n_1^H、n_2^H、n_3^H、n_H^H 右上方加的角标 H,表示这些转速是各构件相对系杆 H 的转速。

按求定轴轮系传动比的方法表 1-3-2、表 1-3-3 所示周转轮系的转化轮系的传动比为:

$$i_{13}^H = \frac{n_1^H}{n_3^H} = \frac{n_1 - n_H}{n_3 - n_H} = -\frac{z_3}{z_1} \qquad (1\text{-}3\text{-}2)$$

将上式推广到一般情况,设轮 A 为计算时的起始主动轮,转速为 n_A,轮 K 为计算时的最末从动轮,转速为 n_K,系杆 H 的转速为 n_H,则有:

$$i_{AK}^H = \frac{n_A^H}{n_K^H} = \frac{n_A - n_H}{n_K - n_H} = (-1)^m \frac{\text{从动轮齿数的连乘积}}{\text{主动轮齿数的连乘积}} \qquad (1\text{-}3\text{-}3)$$

二、减速器

减速器是由置于刚性的封闭箱体中的一对或几对相啮合的齿轮组成。减速器由于结构紧凑、效率高、寿命长、传动准确可靠、使用维修方便,得到了广泛应用。

(一)齿轮减速器的类型和特点

1. 按齿轮的形式来分

减速器可以分为圆柱齿轮减速器、锥齿轮减速器、蜗杆减速器、锥-圆柱齿轮减速器和行星齿轮减速器等。

2. 按传动级数来分

可分单级、双级和多级,汽车上通常用的减速器为单级和双级。

(二)减速器的结构

减速器主要由传动零件(齿轮或蜗杆、蜗轮)、轴、轴承、连接零件(螺钉、销钉等)及箱体附属零件、润滑和密封装置等部分组成。如图1-3-7所示。

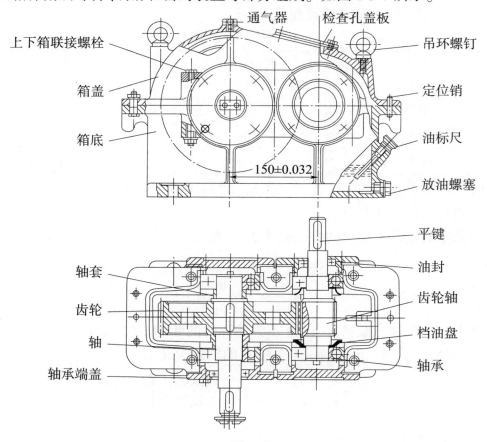

图1-3-7 一级圆柱齿轮减速器

减速器中常采用滚动轴承,当轴向力很大时(如采用圆锥齿轮、斜齿轮等),则采用圆锥滚子轴承。

箱体是传动的基座,是用来支撑和固定轴系零件,保证传动零件正确啮合,使箱内零件具有良好的润滑和密封的部件。

窥视孔是为检查齿轮啮合情况及向箱内注入润滑油而设置的。

减速器工作时温度的升高,会使箱内空气膨胀,将油自剖分面处挤出,为此,在箱盖上设有通气孔,以使空气自由逸出。

吊环是用来提升箱盖的,而整个减速器的提升则是用底座旁的吊钩。

一般在轿车和轻、中型货车上采用单级主减速器,如图1-3-8所示。万向传动装置传来的动力由叉形凸缘经花键传给主动齿轮、从动齿轮,减速变向后,通过螺栓传给差速器壳,由差速器传给两侧半轴驱动齿轮。其特点是结构简单、体积小、质量轻、传动效率高。

图1-3-8 单级主减速器

(三) 汽车双级主减速器的结构

汽车中主减速器的功用是将输入的转速降低,并相应增大转矩、改变传动方向。为充分提高汽车的动力性和经济性,有些汽车采用行星齿轮式双级主减速器。行星齿轮式双级主减速器,由一对锥齿轮和一个行星齿轮机构组成,如图1-3-9所示。

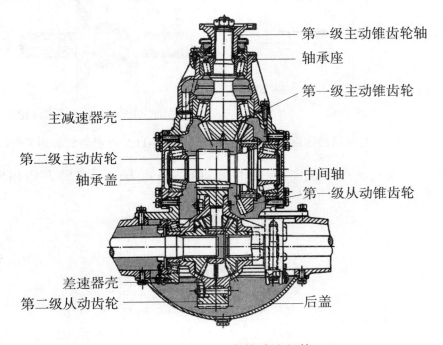

图1-3-9 行星齿轮减速机构

在重型汽车上,通常使用双级减速器。第一级为锥齿轮传动,第二级为圆柱斜齿轮传动。双级主减速器的结构特点如下。

(1)第一级为圆锥齿轮传动,其调整装置与单级主减速器类同。

(2)由于双级减速,减小了从动锥齿轮的尺寸,其背面一般不需要止推装置。

(3)第二级为圆柱齿轮传动,圆柱齿轮多采用斜齿或人字齿,传力平稳。

(4)双级主减速器的减速比为两对副减速比的乘积。

差速器的速度特性如图 1-3-10 所示,行星齿轮只随行星架绕差速器旋转轴线公转时,差速器不起作用,半轴角速度等于差速器壳的角速度(n_0)。

行星齿轮除公转外,还绕行星齿轮轴自转时,左右两半轴齿轮转速之和等于差速器壳转速的两倍,与行星齿轮转速无关。即:$n_1 + n_2 = 2n_0$。这就是两半轴齿轮直径相等的对称式锥齿轮差速器的运动特性关系式。

差速器的转矩特性如图 1-3-11 所示,行星齿轮没有自转时,将传来的转矩 M_0 平均分配给左右两半轴齿轮:

$$M_1 = M_2 = \frac{M_0}{2} \tag{1-3-4}$$

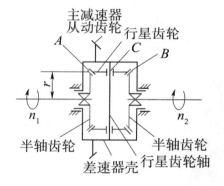

图 1-3-10　差速器的速度特性

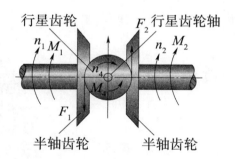

图 1-3-11　差速器的转矩特性

当两半轴齿轮转速不同时,产生自转,摩擦力矩方向与自转方向相反,附加在两半轴齿轮上:

$$M_1 = \frac{1}{2}M_0 - \frac{1}{2}M_4$$
$$M_2 = \frac{1}{2}M_0 + \frac{1}{2}M_4 \tag{1-3-5}$$

单元二　常用机构及轴系零件

课题一　平面连杆机构

机构是由构件组成的并具有确定的相对运动,主要用于传递和转变运动的形式。平面连杆机构是常用的一种传动机构,各构件呈杆状,杆件间采用铰链连接,而且为面接触,压力小、磨损小、承载能力大。本课题主要介绍平面连杆机构的组成、应用和特点。

一、平面运动副

机构是由具有确定相对运动的若干构件组成的,组成机构的构件必然相互约束,相邻两构件之间必定以一定的方式连接起来并实现确定的相对运动。这种两个构件之间的可动连接称为运动副。

两构件只能在同一平面作相对运动的运动副称为平面运动副。构成运动副的点、线或面称为运动副元素,根据运动副元素的不同,平面运动副可分为低副和高副(表 2-1-1)。

运动副分类　　　　　　　　　　表 2-1-1

1. 低副　两构件之间通过面与面接触而组成的运动副称为低副。低副又可分为移动副、转动副、螺旋副	转动副	
	移动副	

续上表

1. 低副 　　两构件之间通过面与面接触而组成的运动副称为低副。低副又可分为移动副、转动副、螺旋副	螺旋副	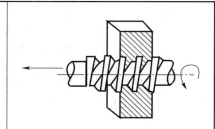
2. 高副 　　两构件以点或线的形式相接触而组成的运动副称为高副。例如右图中凸轮与从动件为点接触、两轮齿齿廓之间线接触形成的高副	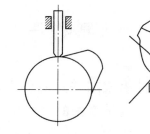	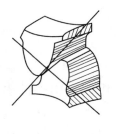

　　若干构件通过运动副连接构成的系统称为运动链。如果将运动链中的一个构件固定,并使另一个或几个构件按给定的规律运动,而且其余构件都能随之作确定的相对运动,则这种运动链就称为机构。通常将被固定的构件称为机架,将按给定规律运动的构件称为原动件,其余构件称为从动件。

二、平面连杆机构

　　在同一平面或互相平行的平面内,有若干构件用低副连接而成的机构称为平面连杆机构。平面连杆机构中的构件大多数为杆状,因此常称其为杆,最常用的是四杆组成的四杆机构。平面四杆机构是平面连杆机构的基础,按其构件的运动形式不同,可分为铰链四杆机构和滑块四杆机构两大类。前者是平面四杆机构的基本形式,后者由前者演化而来。

(一)铰链四杆机构的基本形式及应用

　　铰链四杆机构是将4个构件以4个转动副(铰链)连接而成的平面机构,如图2-1-1所示。机构中与机架4相连的构件1、构件3称为连架杆,连架杆能绕机架作整周转动的称为曲柄,若只能绕机架在小于360°的范围内作往复摆动的则称为摇杆,与连架杆相连的构件2称为连杆。铰链四杆机构有三种类型:曲柄摇杆机构、双曲柄机构和双摇杆机构。

1. 曲柄摇杆机构

铰链四杆机构的两个连架杆,若一杆为曲柄,另一杆为摇杆,则此机构称为曲柄摇杆机构,如图2-1-2所示为一雷达天线机构。当主动件曲柄1转动时,通过连杆2,使与摇杆3固结的抛物面天线作一定角度的摆动,以调整天线的俯仰角度。

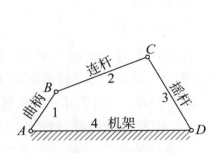
图2-1-1　铰链四杆机构

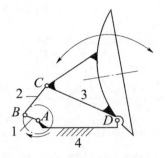
图2-1-2　雷达天线机构

曲柄摇杆机构的作用是:将转动转换为摆动,或将摆动转换为转动。

2. 双曲柄机构

如图2-1-3所示铰链四杆机构的两个连架杆都是曲柄,则称为双曲柄机构。如图2-1-4所示的惯性筛机构,当曲柄AB作匀速转动时,曲柄CD作变速转动,通过构件BC的连接使筛子产生变速直线运动,筛子内的物料因惯性而来回抖动,从而达到筛选的目的。

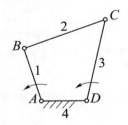
图2-1-3　双曲柄机构

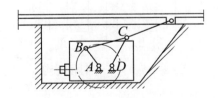
图2-1-4　惯性筛机构

在双曲柄机构中,若相对的两杆长度分别相等,则称为平行双曲柄机构,如图2-1-5所示。它有正平行双曲柄机构和反平行双曲柄机构两种形式。前者的运动特点是两曲柄的转向相同且角速度相等,连杆作平动;后者的运动特点是两曲柄的转向相反且角速度不等。图2-1-6所示的机车驱动轮联动机构是正平行双曲柄机构的应用实例。图2-1-7所示为车门启闭机构,是反平行双曲柄机构的一个应用,它使两扇车门朝相反的方向转动,从而保证两扇门能同时开启或关闭。

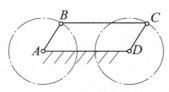
a)正平行双曲柄机构

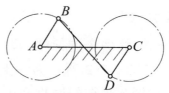
b)反平行双曲柄机构

图 2-1-5　平行双曲柄机构

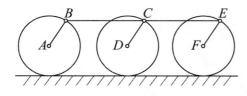

图 2-1-6　机车驱动轮联动机构

3．双摇杆机构

两个连架杆均为摇杆的机构，称为双摇杆机构（图 2-1-8）。汽车转向四杆机构是双摇杆机构在汽车上的应用。汽车转弯时，由于与两个前轮连接的两摇杆摆动的角度 β 和 α 不相等，如果在转弯的任意位置都能使两个前轮的轴线交点 O 落在后轮轴线的延长线上，使整个车身绕 O 点转动，4 个车轮都作纯滚动，则可避免轮胎滑动磨损。

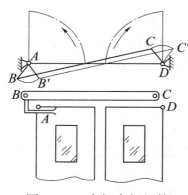

图 2-1-7　车门启闭机构

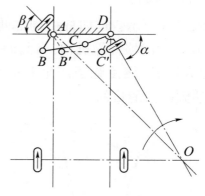

图 2-1-8　汽车转向机构

（二）其他形式的四杆机构及应用

在曲柄摇杆机构、双曲柄机构、双摇杆机构中，改变某些构件形状、相对长度或选择不同构件作为机架等，可以演变成其他形式的机构，下面介绍几种常用的演化机构。

1．曲柄滑块机构

在如图 2-1-9 所示的汽车发动机活塞-连杆机构中，将曲轴的回转运动转化为活塞的往复运动，或是将活塞的往复运动转化为曲轴的回转运动。

2. 导杆机构

若将图 2-1-10 所示的曲柄滑块机构的构件作为机架,则曲柄滑块机构就演化为导杆机构,连架杆对滑块的运动起导向作用,称为导杆,它包括转动导杆机构和摆动导杆机构两种形式。

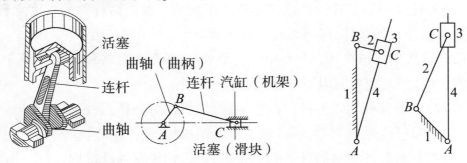

图 2-1-9　汽车发动机活塞-连杆机构　　图 2-1-10　导杆机构

如图 2-1-10 左图所示的四连杆机构中,杆件 2 的长度小于机架 1,便可以绕机架 1 作整圆周转动,但导杆 4 只能作摆动,称为曲柄摆动导杆机构。如图 2-1-10 右图所示的四连杆机构中,杆件 2 的长度大于机架 1,杆件 2 和导杆 4 都可以绕机架 1 作整圆周转动,称为曲柄转动导杆机构。

3. 摇块机构

若将图 2-1-9 所示曲柄滑块机构的构件作为机架,则曲柄滑块机构就演化为如图 2-1-11 所示的摇块机构。曲柄作整周转动,滑块只能绕机架往复摆动。这种机构常用于摆缸式原动机和气、液压驱动装置中,如图 2-1-12 所示为自动货车翻斗机构。

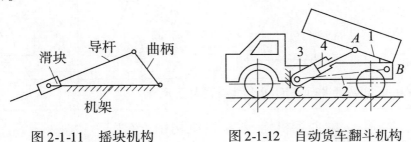

图 2-1-11　摇块机构　　图 2-1-12　自动货车翻斗机构

三、平面四杆机构的运动特性

(一) 曲柄存在的条件

在铰链四连杆机构中是否存在曲柄,取决于机构中各杆的长度关系,即要使连架杆能成为曲柄,各杆的长度必须满足一定的条件,这就是所谓曲柄存在的条件。在四连杆机构中,要使连架杆成为曲柄,必须同时具备以下两个条件:

(1)连架杆与机架中必有一个是最短杆。

(2)最短杆件与最长杆件长度之和必小于或等于其余两杆件的长度之和。

根据曲柄存在的条件,还可以作出如下推论:

如果铰链四连杆机构中,最短杆件与最长杆件的长度之和小于或等于其余两杆件的长度之和,则可有以下三种情况:

(1)以与最短杆件相邻的杆件做机架时,该机构为曲柄摇杆机构。

(2)以最短杆件做机架时,该机构为双曲柄机构。

(3)以与最短杆件相对的杆件做机架时,该机构为双摇杆机构。

如果铰链四连杆机构中,最短杆件与最长杆件的长度之和大于其余两杆件的长度之和,则无论以哪一杆件为机架,均为双摇杆机构。

铰链四杆机构基本形式的判别如表 2-1-2 所示。

铰链四杆机构基本形式的判别　　　　　表 2-1-2

$a+d \leq B+c$			$a+d > B+c$
双曲柄机构	曲柄摇杆机构	双摇杆机构	双摇杆机构
最短杆固定	与最短杆相邻的杆固定	与最短杆相对的杆固定	任意杆固定

注:a-最短杆长度;d-最长杆长度;B、c-其余两杆长度

(二) 急回运动特性

如图 2-1-13 所示为曲柄摇杆机构,当曲柄 AB 沿顺时针方向以等角速度 ω 从与 BC 共线位置 AB_1 转到共线位置 AB_2 时,转过的角度为 φ_1,$\varphi_1 = (180° + \theta)$,摇杆 CD 从左极限位置 C_1D 摆到右极限位置 C_2D。设所需时间为 t_1,C 点平均速度为 v_1;当曲柄 AB 再继续转过角度 φ_2,$\varphi_2 = (180° - \theta)$,即从 AB_2 到 AB_1,摇杆 CD

自 C_2D 摆回到 C_1D，设所需时间为 t_2，C 点的平均速度为 v_2。由于 $\varphi_1 > \varphi_2$，则 $t_1 > t_2$。又因摇杆 CD 往返的摆角都是 ψ，而所用的时间却不同，往返的平均速度也不相同，即 $v_2 > v_1$。由此可见，当曲柄等速转动时，摇杆来回摆动的平均速度是不同的，摇杆的这种运动特性称为急回运动特性。

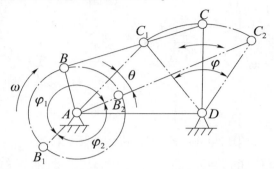

图 2-1-13　急回运动特性

为了表明摇杆的急回运动特性的程度，通常用行程速比系数 K 来衡量，K 与极位夹角 θ 的关系是：

$$K = \frac{v_2}{v_1} = \frac{t_1}{t_2} = \frac{\varphi_1}{\varphi_2} = \frac{180°+\theta}{180°-\theta} \tag{2-1-1}$$

式(2-1-1)中，θ 称为极位夹角，即从动摇杆处于左、右两极限位置时，主动曲柄相应两位置所夹的锐角。行程速比系数与极位夹角 θ 有关，θ 越大，K 越大，急回作用越明显。当 $\theta = 0$ 时，$K = 1$，说明机构无急回运动。由式(2-1-1)可得：

$$\theta = \frac{K-1}{K+1} \times 180° \tag{2-1-2}$$

如果要得到既定的行程速比系数，只要设计出相应的极位夹角 θ 即可。除曲柄摇杆机构外，具有急回运动特性的四连杆机构还有偏置曲柄滑块机构和曲柄摆动导杆机构。在各种机器中，应用四连杆机构的急回运动特性，可以节省空回行程的时间，以提高生产效率。

(三) 死点位置

在图 2-1-14a)所示的曲柄摇杆机构中，若摇杆主动，则当摇杆处于两个极限位置(即机构处于两个虚线位置)时，连杆与曲柄共线，此时传动角 $\gamma = 0°$。这时，主动件摇杆 CD 通过连杆作用于从动曲柄 AB 上的力，恰好通过曲柄的回转中心 A，所以理论上不论用多大的力，都不能使曲柄转动，因而产生了"顶死"现象，机构的这种位置状态称为死点位置。图2-1-14b)所示为偏置曲柄滑块机构,当滑块主动并处于极限位置时;图2-1-14c)所示为曲柄摆动导杆机构,当导杆主动并处于极限位置时。

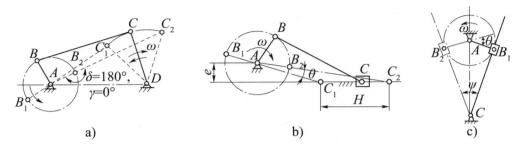

图 2-1-14　四连杆机构的死点位置

为了使机构能顺利通过死点而连续正常运转,曲柄摇杆机构和曲柄滑块机构可以安装飞轮,增大转动惯量(如缝纫机、汽车发动机等);对曲柄摆动导杆机构和双摇杆机构,则通常是限制其主动构件的摆动角度。

工程上也常利用机构的死点位置来实现一定的工作要求。如图2-1-15所示为钻床夹紧机构,使机构处于死点位置来夹紧工件。如图2-1-16所示的飞机起落架也是利用双摇杆机构处于死点状态,来保证飞机安全起降的。

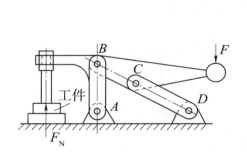 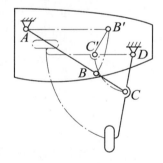

图 2-1-15　钻床夹紧机构　　　　图 2-1-16　飞机起落架

课题二　凸轮机构

凸轮机构在机械工业中是一种常用机构。例如,汽车发动机的配气机构是通过凸轮机构来控制气门的开闭,柴油机的喷油泵供油、汽油泵的供油、分电器的配电等都要通过凸轮机构来控制,尤其在自动化机械生产中使用更为广泛。凸轮机构是利用凸轮的曲线或凹槽轮廓与推杆接触而得到预定运动规律的一种机构。

一、凸轮机构的组成与特点

凸轮机构由凸轮、从动杆、机架三个部分组成,凸轮为主动件,通常作定轴等速转动,使从动件作相应的运动,随凸轮轮廓的变化得到不同运动规律,从动件按一定的规律作往复移动或摆动,如图 2-2-1 所示。凸轮机构的特点如下。

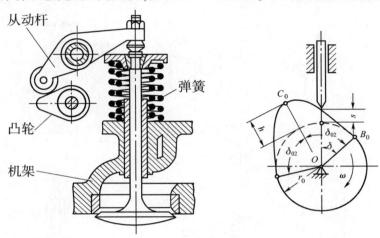

图 2-2-1 凸轮机构

(1)凸轮机构结构简单紧凑,只需改变凸轮的外廓形状,就可改变推杆的运动规律,容易实现复杂运动的要求,应用较广泛。

(2)凸轮外廓与推杆是点接触或线接触,易于磨损,多用在传递动力不大的场合;凸轮机构可以高速起动,动作准确可靠。

二、凸轮机构的分类

凸轮机构的类型很多,一般按凸轮形状和从动件的形式分类。

1. 按凸轮形状分

(1)盘形凸轮。如图 2-2-2a)所示,结构简单,适用于推杆行程较短的传动中,应用较广。

(2)圆柱凸轮。如图 2-2-2b)所示,可用在推杆行程较长的场合。

(3)移动凸轮。如图 2-2-2c)所示,凸轮作往复直线运动,推动推杆在同平面作往复运动。

2. 按从动件的形式分

(1)尖顶式从动件。如图 2-2-3a)所示,构造简单,但易于磨损,只适用于作用力不大、低速的场合。

（2）滚子式从动件。如图 2-2-3b)所示，由于滚子与凸轮轮廓之间为滚动摩擦，所以磨损小，适用于传递较大的动力，应用较广。

（3）平底式从动件。如图 2-2-3c)所示，由于凸轮对推杆的作用力始终垂直于推杆的底面，所以受力平稳，而且凸轮与平底接触面间容易形成油膜，润滑较好，适用于高速传动。

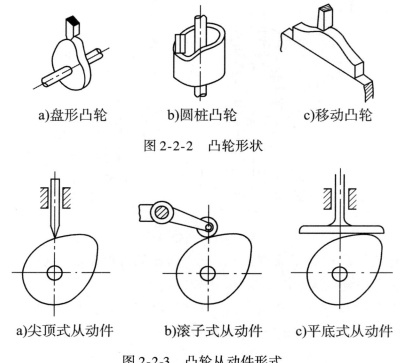

a)盘形凸轮　　　　b)圆桩凸轮　　　　c)移动凸轮

图 2-2-2　凸轮形状

a)尖顶式从动件　　b)滚子式从动件　　c)平底式从动件

图 2-2-3　凸轮从动件形式

三、凸轮机构的有关参数

1. 凸轮的基圆

在如图 2-2-4 所示的凸轮机构中，从动件处于最低位置时，尖顶在 a 点，以凸轮的最小半径 $r_0 = Oa$ 所做的圆称为基圆，r_0 称为基圆半径。

2. 凸轮机构从动件的行程

如图 2-2-4 所示，当凸轮逆时针方向转过一个角度 δ 时，从动件上升一段距离，产生的位移为 s，当凸轮转过 δ_0 时，从动件到达最高位置，此时从动件的最大升距称为行程（又称为导程），用 h 表示，凸轮转过的角度称为转角，用 δ 表示。

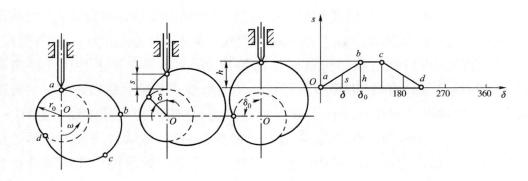

图 2-2-4　凸轮机构的 s-δ 曲线

3. 凸轮机构的转角位移曲线

将凸轮转角 δ 与从动件位移 s 的关系用曲线表示，此曲线称为从动件的位移曲线，即 s-δ 曲线。从图 2-2-4 可以看出，从动件的位移 s 是随凸轮转角 δ 和时间 t 变化的。因此当凸轮以等角速 ω 转动时，从动件的位移 s、速度 v 和加速度 a 的变化规律，都是凸轮轮廓决定的。

4. 压力角

如图 2-2-5 所示，从动件接触于凸轮轮廓线上 A 点处，从动件运动方向 v 与从动件法向受力方向（N-N）之间的夹角，称为凸轮机构在该点的压力角，用 α 表示。

凸轮将从动件的作用力 P 分解成两个分力：$P_1 = P\cos\alpha$，$P_2 = P\sin\alpha$。从两个分力来看，P_1 是推动从动件上移的有效力，P_2 是有害分力，其使从动件的上移摩擦力增大。P_1、P_2 的大小与压力角 α 有关系，当 α 增大时，P_1 减小，P_2 增大。当压力角增大到某一极限值时，从动件将会发生卡死现象，为了保证从动件顺利地运行，规定压力角 α 最大值的范围：移动式从动件在推程时 α≤30°，摆动式从动件在推程时 α≤45°，回程时 α≤80°。

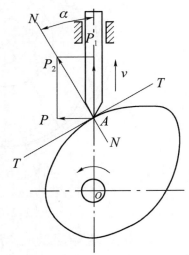

图 2-2-5　凸轮机构的压力角

四、凸轮机构从动件运动规律

1. 等速运动规律

所谓等速运动规律就是从动件在上升或下降时的运动速度为一常数的运动

规律。如图2-2-6所示,凸轮作等角速度转动,当它的角度从0增加到δ_0时,从动件以速度v等速地从起点位置上升到最高位置。其行程(推程)为h,回程类同。从位移曲线图中可知,位移和转角成正比关系,所以从动件等速运动位移曲线(s-δ曲线)为一条斜直线(推程和回程),从动件由静止开始然后以速度v上升运动,产生一次冲击。同样从动件上升到最高点时,立即转为下降运动,又产生一次冲击。这种冲击称为刚性冲击,随着凸轮的连续转动,从动件将周期性地产生刚性冲击。所以作等速运动规律的凸轮机构,只适用于低速转动和从动件质量小的场合。

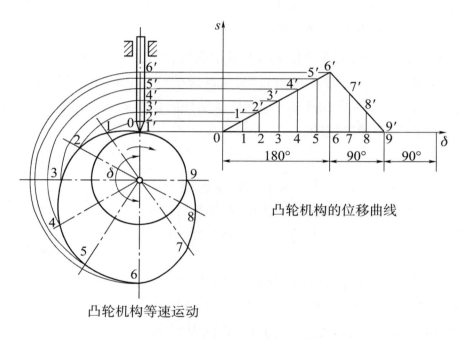

图 2-2-6　凸轮机构等速运动规律的位移曲线

2. 等加速等减速运动规律

所谓等加速等减速运动规律就是从动件在整个行程中分为两段,前半段$h/2$为等加速上升,后半段$h/2$为等减速上升,它的位移曲线如图2-2-7所示。由于位移是转角的二次函数关系,所以位移曲线为一条抛物线。当凸轮顺时针转动时,从动件等加速运动上升后,变为等减速运动上升,到达全行程最高点时,上升的速度趋于零,而后转入回程。在从动件的整个运动过程中,速度没有发生突变,避免了刚性冲击,但是从动件在上升行程中,前、后半段由加速过渡到减速,在转折点处引起惯性力的突变,会使凸轮机构发生柔性冲击。所以这种运动规律只适用于凸轮为中低速转动、从动件质量不大的场合。

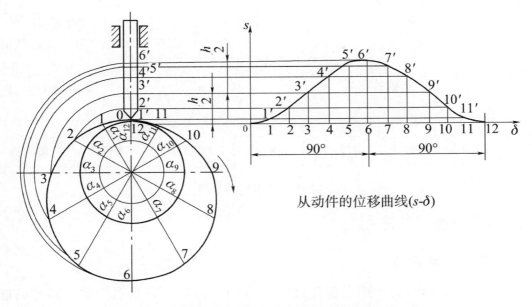

图 2-2-7 凸轮机构等加速等减速运动规律

课题三 连 接

连接是利用不同方式把机械零件连成一体的技术。机器由许多零部件所组成,这些零部件需要通过连接来实现机器的职能,因而连接是构成机器的重要环节。连接种类很多,根据被连接件之间的相互关系可分为动连接和静连接两类。动连接是被连接件的相互位置在工作时可以按需要变化的连接,如轴与滑动轴承、变速器中齿轮与轴的连接等。静连接是被连接件之间的相互位置在工作时不能也不允许变化的连接,如蜗轮的齿圈与轮心、减速器中齿轮与轴的连接等。

一、键连接

键是一种标准件,通常用于连接轴与轴上旋转零件(如齿轮、皮带轮等)与摆动零件,起周向固定零件的作用以传递旋转运动和转矩,楔键还可以起单向轴向固定零件,而导键、滑键、花键还可用作轴上移动的导向装置。

(一) 键连接的分类

键连接结构简单、装拆方便、工作可靠。键的种类很多,根据键在连接中的松紧状态,键连接可分为松键连接和紧键连接两大类,如图 2-3-1 所示。

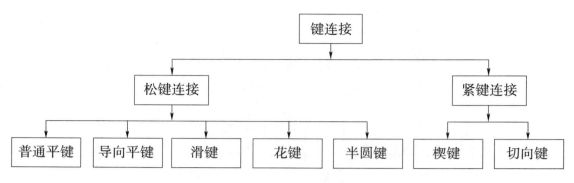

图 2-3-1　键连接的分类

（二）键连接的应用

1. 普通平键连接

如图 2-3-2 所示为普通平键连接的示意图，可以看出，其上表面与键槽的底面之间留有一定空隙，两个侧面为工作面，故对中性好、结构简单、拆卸方便。

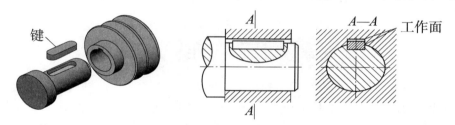

图 2-3-2　普通平键连接示意图

根据形状不同，平键可分为圆头平键（A 型）、方头平键（B 型）和半圆头平键（C 型）三类，如图 2-3-3 所示。其中，圆头平键的应用最为广泛，方头平键需要螺钉固定，半圆头平键多用于轴端连接。

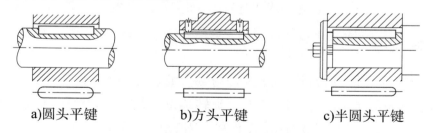

a) 圆头平键　　b) 方头平键　　c) 半圆头平键

图 2-3-3　普通平键连接

2. 导向平键和滑键连接

导向平键和滑键用于动连接，轴与轮毂之间能相对轴向移动。导向平键用螺钉固定在轴上，键与轮毂槽是动配合，轴上零件能在轴上移动。为了拆装方便,在键的中部有一个起键螺钉,导向平键常用于零件在轴上经常有相对移动的场合。导向平键和滑键装卸方便、工作可靠,多用于高精度连接,如汽车变速器内滑动齿轮与轴的连接。图2-3-4所示的为导向平键连接、图2-3-5所示的为滑键连接。

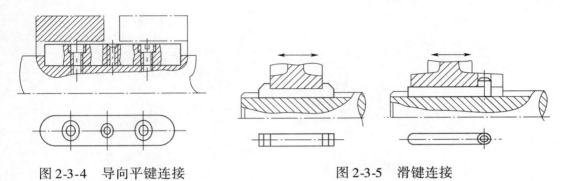

图2-3-4　导向平键连接　　　　　图2-3-5　滑键连接

3. 花键连接

花键由多个键齿和键槽在轴和轮毂孔周向分布而成,如图2-3-6所示。花键连接工作时,依靠键齿侧面与键槽侧面的相互挤压传递运动和转矩。花键连接的特点是:键齿均匀分布,工作面积大,承载能力强,且受力均匀;齿槽浅,轴上应力集中小;轴上零件导向性好,定心精度较高;但花键加工难度大,需要专用设备,故制造成本高。

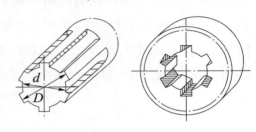

图2-3-6　花键连接

4. 半圆键连接

半圆键连接如图2-3-7所示。工作时主要靠键两侧工作传递转矩,键为半圆形,可在轴槽中绕槽底圆弧摆动,能自动适应轮毂的装配,半圆键键槽较深,会削弱轴的强度,故只能适用于轻载或锥形轴端。

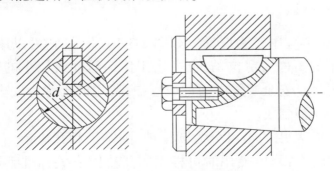

图2-3-7　半圆键连接

5. 楔键连接

如图 2-3-8 所示，按照结构不同，楔键连接可分为普通楔键连接和钩头楔键连接。由于装配楔键时会产生偏心，降低了定心精度，故楔键连接适用于低速、轻载、旋转精度要求不高的场合。

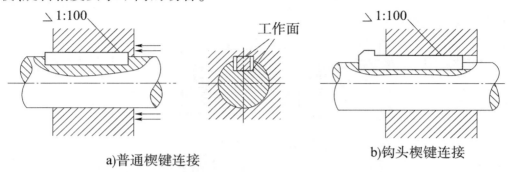

a)普通楔键连接　　　　　　　　　　b)钩头楔键连接

图 2-3-8　楔键连接

6. 切向键连接

如图 2-3-9 所示，切向键由一对斜度为 1:100 的楔键沿斜面拼合而成，其工作面为拼合后相互平行的两个窄面，单个切向键只能传递单向转矩。在传递双向转矩时，需用两个互成 120°～135°的切向键，这样会大大削弱轴的强度，所以切向键只用于载荷小、对中要求不高的连接。

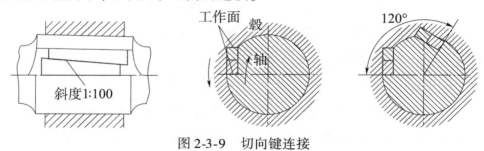

图 2-3-9　切向键连接

二、销连接

销连接在工程中应用较为广泛。如图 2-3-10 所示，它可以用来确定零件间的相互位置，所用的销称为定位销；也可用于传递运动或较小的转矩，所用的销称为连接销；还可用于安全装置中的过载保护，所用的销称为安全销。大多数销是标准件，用 35、45 钢制成。

销的形式很多，常用的销可分为圆柱销、圆锥销和开口销三大类，它们的尺寸参数均已标准化，在设计、使用时可根据需要查阅有关标准手册，常用销的类型、特点和应用如表 2-3-1 所示。

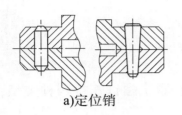
a) 定位销

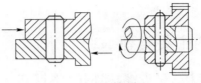
b) 连接销

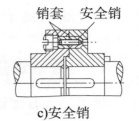
c) 安全销

图 2-3-10　销连接

常用销的类型、特点和应用　　　　　　　　　　　　表 2-3-1

类型		图例	特点	应用
圆柱销	普通圆柱销		销孔精度较高，需要铰制，多次装卸后会降低定位精度和连接的紧固性，只能传递不大的载荷	主要用于定位，也可用于连接
	螺纹圆柱销			用于定位精度要求不高、经常拆卸的场合
	内螺纹圆柱销			多用于不通孔间的定位
	弹性圆柱销			多用于存在冲击、振动的场合，可代替部分圆柱销、圆锥销等
圆锥销	普通圆锥销	1:50	有 1:50 的锥度，便于安装；定位精度比圆柱销高，横向受力时能自锁，销孔需铰制	主要用于定位，也可用于固定零件或者传递动力
	内螺纹圆锥销	1:50		用于带不通孔的连接件
开口销			工作可靠，拆卸方便	用于锁定其他固定件，需与槽形螺母配合使用

三、螺纹连接

(一) 螺纹连接的主要类型

螺纹连接有螺栓连接、双头螺柱连接、螺钉连接和紧定螺钉连接四种类型，它们的特点及应用如表 2-3-2 所示。

螺纹连接特点和应用　　　　　　　　　表 2-3-2

类型	结构	特点和应用
螺栓连接	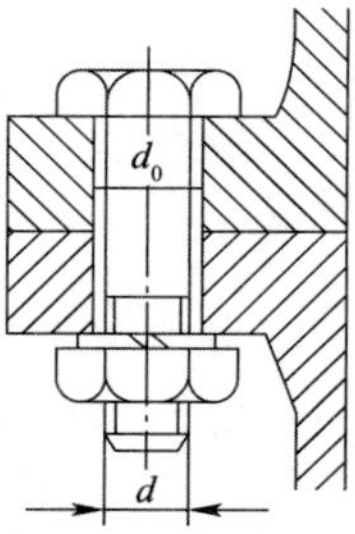 普通螺纹连接 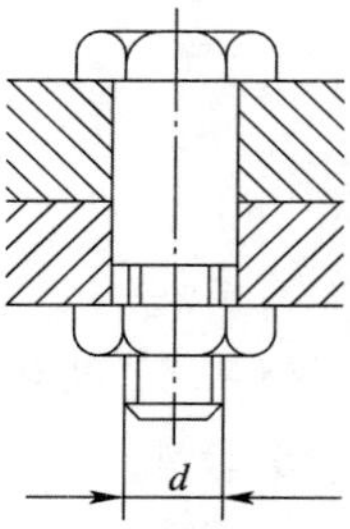　　铰制孔螺纹连接	螺栓连接是将螺栓穿过被连接件的孔（螺栓与孔之间留有间隙），然后拧紧螺母，即将被连接件连接起来。由于被连接件的孔无须切制螺纹，所以结构简单、装拆方便，应用广泛。铰制孔用螺栓一般用于利用螺栓杆承受横向载荷或固定被连接件相互位置的场合
双头螺柱连接	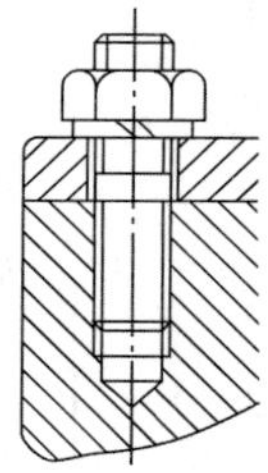	这种连接是利用双头螺柱的一端旋紧在被连接件的螺纹孔中，另一端则穿过相应被连接件的孔，拧紧螺母后将被连接件连接起来。这种连接通常用于被连接件之一太厚不便穿孔，结构要求紧凑或须经常装拆的场合
螺钉连接	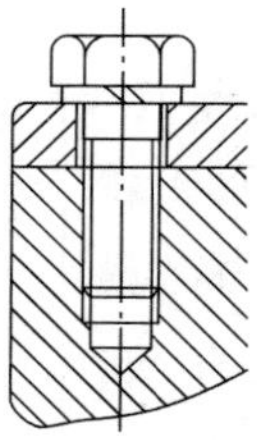	这种连接不需要螺母，将螺钉穿过被连接件的孔并旋入另一被连接件的螺纹孔中。它适用于被连接件之一太厚，且不宜经常装拆的场合
紧定螺钉连接	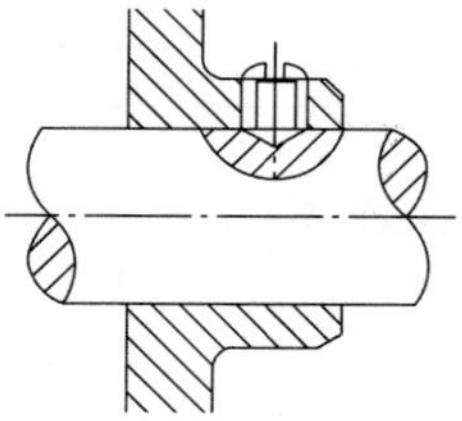	这种连接利用紧定螺钉旋入一零件的螺纹孔中，并以末端顶住另一零件的表面或顶入该零件的凹坑中，以固定两零件的相互位置

典型的螺纹连接件如表 2-3-3 所示。螺纹连接件是指起连接和紧固作用的零件,常用的螺纹连接件有螺钉、螺栓、螺母、垫圈等。

螺 纹 连 接 件　　　　　　　表 2-3-3

名　称	结　构	名　称	结　构
开槽盘头螺钉		内六角圆柱头螺钉	
十字槽沉头螺钉	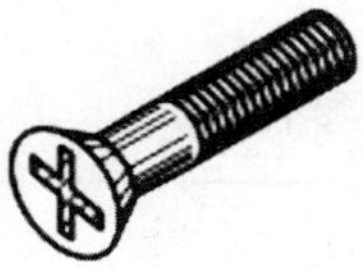	开槽锥端紧定螺钉	
六角头螺栓		双头螺柱	
I 型六角螺母		I 型六角开槽螺母	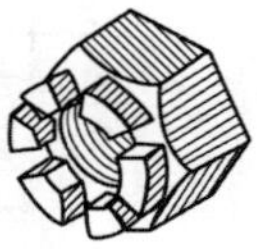
平垫圈		弹簧垫圈	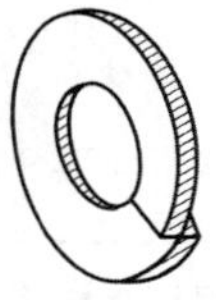

(二) 螺纹连接的拧紧和防松

1. 螺纹连接的预紧

大部分螺纹连接在装配过程中需要用力拧紧,使螺纹连接件在工作前承受预紧力的作用,这个步骤称为预紧。预紧的目的在于保持连接件的正常工作,提高螺纹连接的可靠性、紧密性和防松能力。预紧时需要控制预紧力的大小,因为预紧力过大容易造成螺纹失效,过小达不到预紧的效果。如图 2-3-11 所示是预紧力测量工具。

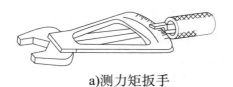
a) 测力矩扳手

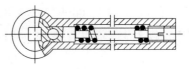
b) 定力矩扳手

图 2-3-11　预紧力测量工具

2. 螺纹连接的防松

螺纹连接防松的方法有很多，按工作原理不同可分为摩擦防松、机械防松、永久性防松三大类。常用的摩擦防松零件包括弹簧垫圈、尼龙垫圈紧锁螺母和对顶螺母等（表 2-3-4）。

常用的摩擦防松零件　　　　　　　　　　　　　　　　　表 2-3-4

结　构	特　点
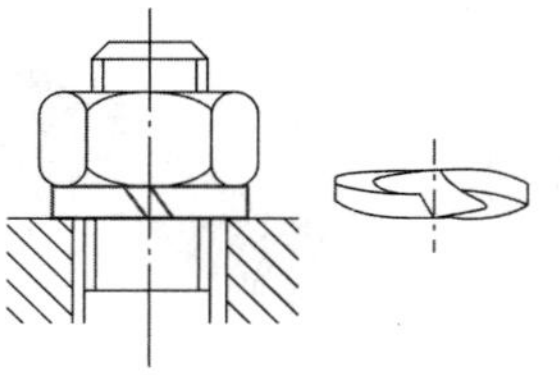	弹簧垫圈：弹簧垫圈被压平后，利用反弹力使螺纹间保持一定的压紧力和摩擦力
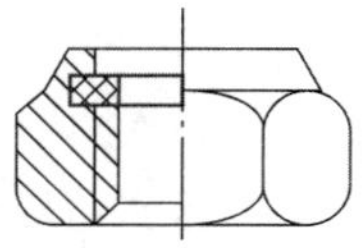	尼龙垫圈紧锁螺母：在螺母中嵌入尼龙圈，拧紧后尼龙圈内孔被螺栓箍紧而起到防松作用
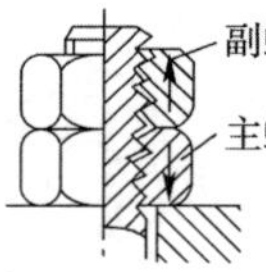	对顶螺母：两个螺母对顶使用，使螺栓始终受到附加拉力和附加摩擦力的作用

常用的机械防松零件包括开槽螺母与开口销、圆螺母与止动垫片、串联钢丝等（表 2-3-5）。

常用的机械防松零件　　　　　　　　　　　　　　　　　表 2-3-5

结　构	特　点
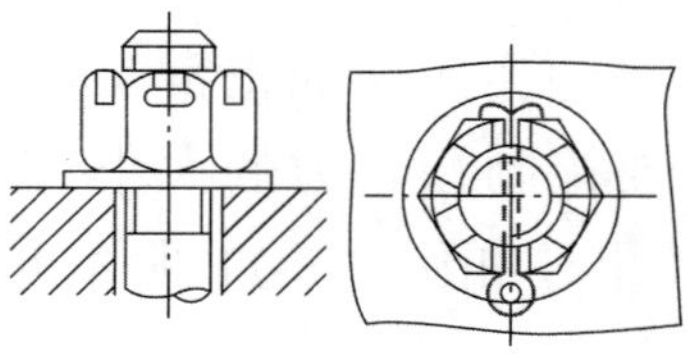	开槽螺母与开口销：螺母尾部开槽，拧紧后用开口销穿过螺母槽和螺栓的径向孔而可靠防松

续上表

结　构	特　点
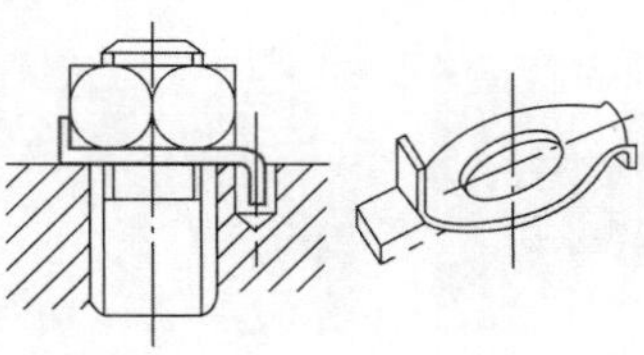	圆螺母与止动垫片：垫圈内舌嵌入螺栓的轴向槽内，拧紧螺母后将垫圈外舌之一褶嵌入螺母的一个槽内
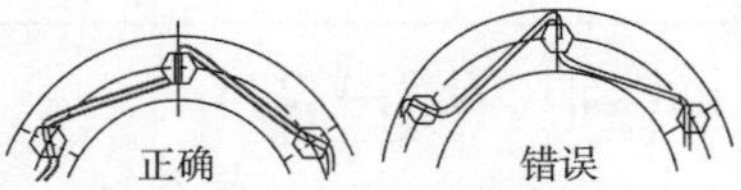	串联钢丝：用钢丝穿过螺栓头部孔径，并呈相互拉紧的状态

课题四　轴、轴承、联轴器与离合器

轴和轴承的主要功能是将传动零件可靠地支承在机架上，以传递动力和转矩。联轴器与离合器的作用是轴与轴之间的连接，以传递动力和转矩。

一、轴

轴的主要功用是支承旋转零件（如齿轮、带轮、联轴器等），以传递运动和动力。轴是组成机器的重要零件之一。

(一) 轴的分类和作用

(1) 根据承载情况不同，轴可分为转轴、传动轴和心轴三类（表2-4-1）。

根据承载情况分类　　　　　　　　　　表2-4-1

分类	作用	示例
①转轴	工作时同时承受弯矩和转矩。工程实际中，大多数轴都属于转轴	 
②传动轴	工作时只承受转矩，不承受弯矩或承受很小的弯矩	

续上表

分类	作用	示例
③心轴	工作时只承受弯矩而不承受转矩的轴。心轴按是否转动又可分为转动心轴和固定心轴	 

（2）根据轴线形状，轴又可分为直轴、曲轴、挠性钢丝轴（表2-4-2）。

根据轴线形状分类　　　　　　　表2-4-2

分类	作用	示例
①直轴	直轴应用较广，根据外形，分为直径无变化的光轴和直径有变化的阶梯轴。为了提高刚度或减轻质量，有时制成空心轴	 光轴 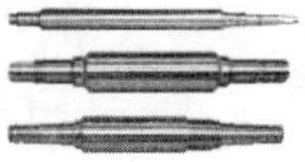　　阶梯轴 　　空心轴
②曲轴	各轴段相互平行但轴线不在一条直线上的轴。曲轴常用于往复式发动机、内燃机及空气压缩机中	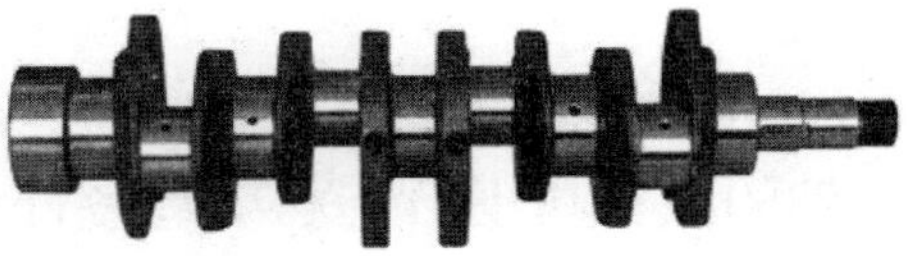
③挠性钢丝轴	具有良好的挠性，可将回转运动和转矩灵活地传递到空间任意位置。通常由多层钢丝分层卷绕而成，多用于手持工具、医疗器械中	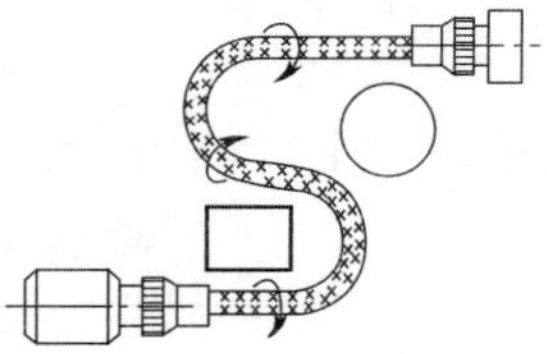 

（二）轴的材料和结构组成

1.轴的材料

轴的主要失效形式为疲劳破坏，故轴的材料应具有较好的强度、韧性及耐磨性。一般用途的轴常用优质碳素结构钢，如35、45、50钢等；轻载或不重要的轴采用普通碳素钢，如 Q235、Q275 等；重载、重要的轴选用合金结构钢，如 40Cr、35SiMn 等；承受大冲击载荷、交变载荷的重要轴可采用 20Cr、20CrMnTi 等渗碳钢或渗氮钢。合金钢力学性能高,但价格较贵,选用时应综合考虑。外形复杂,力学性能要求较高的轴也可选用球墨铸铁,如 QT400-18、QT600-3 等,汽车发动机曲轴通常就采用球墨铸铁。

2. 轴的结构组成

轴的结构形式有很多种,良好的结构应满足以下要求:轴及轴上零件要有准确的定位和可靠的固定;轴上零件能方便地进行装拆和调整;受力合理,尽量减少应力集中;具有良好的加工工艺性。

阶梯轴主要由轴颈、轴环、轴头、轴身等部分组成,如图 2-4-1 所示。其中,轴上安装旋转零件(如齿轮、联轴器等)的轴段称为轴头,支承或安装轴承的轴段称为轴颈,连接轴头与轴颈的轴段称为轴身,轴上两段不同直径之间形成的用来固定零件的台阶端面称为轴肩,直径大于左、右两段的轴段称为轴环,其作用与轴肩相同。

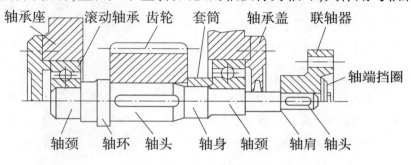

图 2-4-1　轴的结构组成

(三) 轴上零件的定位及固定

为保证轴的正常工作,轴上的零件必须准确定位和固定。轴向定位及固定是为了保证轴上零件准确地固定在轴上现有的位置。轴上零件的周向定位及固定是为了保证零件与轴之间不发生相对转动,以便能准确地传递运动和转矩。

1. 轴上零件的轴向定位和固定(表 2-4-3)

轴上零件的轴向定位和固定类型　　　表 2-4-3

类　型	应　用	示　例
① 轴环、轴肩固定	这种定位方式结构简单,定位可靠,可承受较大的轴向力。主要应用于齿轮、带轮、联轴器、轴承等的轴向定位	r 应小于零件上的外圆角半径 R 或倒角 c $h=R(c)+(0.5\sim2)$mm

51

续上表

类型	应用	示例
②套筒固定	借助位置已确定的零件来进行定位,并与其他方式结合,同时能实现两相邻零件沿轴向的双向固定。套筒与轴配合较松,故不宜用于高速的轴上	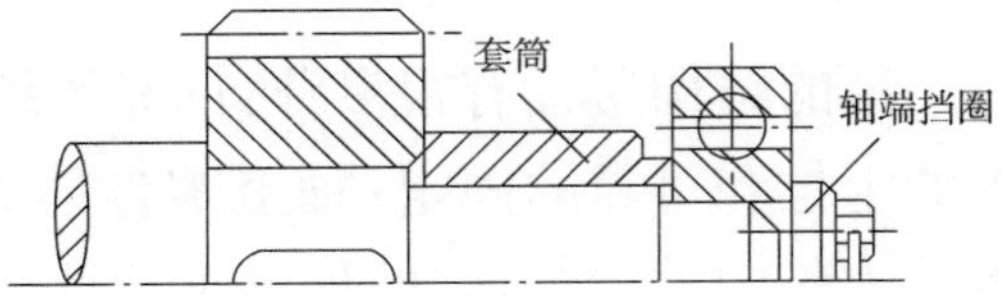
③圆螺母固定	其特点是定位可靠,装拆方便,可承受较大的轴向力,但由于切制螺纹使轴的疲劳强度下降。常用于轴的端部	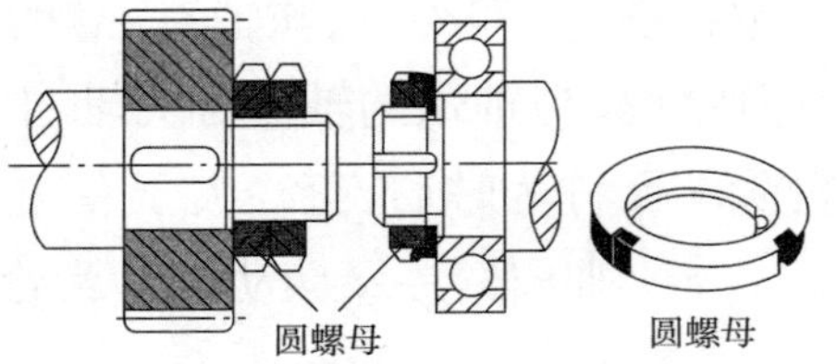
④轴端挡圈固定	通常与轴肩配合,使轴端零件获得轴向定位或双向固定。结构简单,装拆方便,可承受剧烈振动和冲击,但需要在轴端加工螺纹孔。用于轴端定位	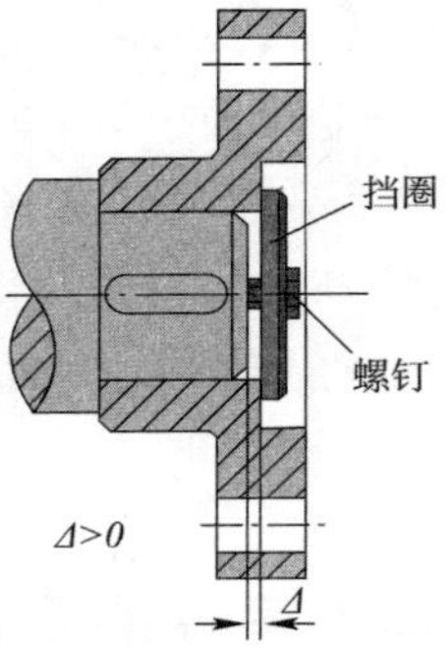
⑤弹性挡圈固定	结构简单紧凑,只能承受很小的轴向力,且切槽需要一定的精度。常用于滚动轴承等的轴向定位	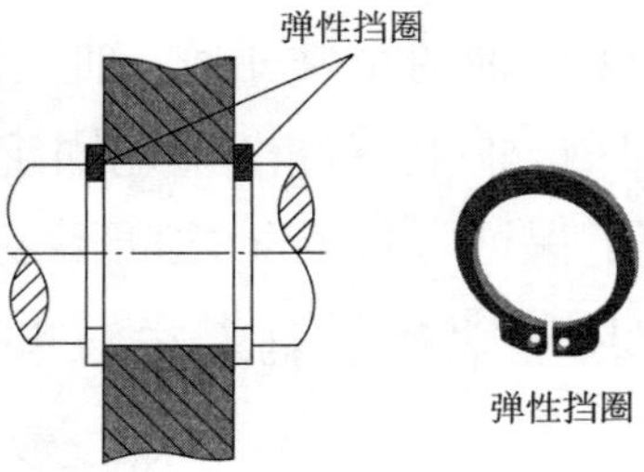
⑥圆锥表面固定	圆锥表面与轴端挡圈联合使用或与螺母联合使用,均可使轴端零件获得轴向定位或双向定位,圆锥表面定位与固定可靠,能承受冲击载荷,并可兼作固定,但加工较困难	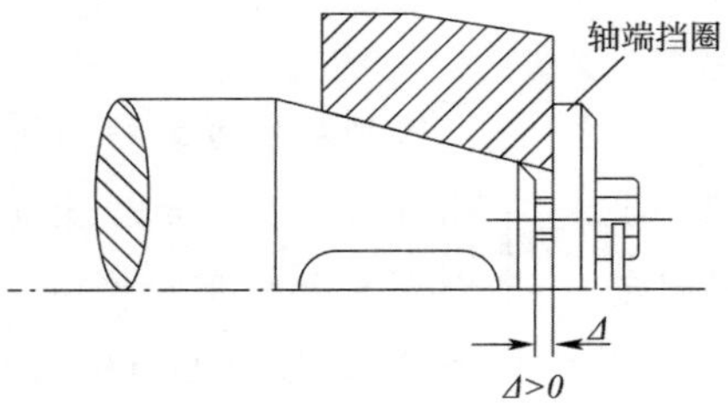

单元二 常用机构及轴系零件

续上表

类 型	应 用	示 例
⑦螺钉固定	当轴向力很小、转速很低或仅为防止零件偶然沿轴向滑动时,可用紧定螺钉固定	(螺钉)

2. 轴上零件的周向定位及固定

轴上零件的周向定位及固定是为了保证零件与轴之间不发生相对转动,以便能准确地传递运动和转矩。常见的固定方式如图 2-4-2 所示。

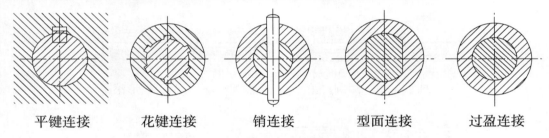

平键连接　　花键连接　　销连接　　型面连接　　过盈连接

图 2-4-2　轴上零件的周向固定

二、轴承

轴承在机器中用于支承轴,保持轴的正常工作位置和旋转精度,并减小轴与轴承座间的摩擦和磨损。选择合适的轴承对提高机器的工作性能、使用寿命、承载能力和工作效率有着重要的意义。

(一) 滚动轴承

滚动轴承是标准件,是各类机器中广泛应用的重要部件。它是依靠主要元件间的滚动接触来支承转动零件的,具有摩擦阻力小、易起动、对转速及工作温度的适用范围宽、轴向尺寸小、润滑及维护方便、有较好的互换性等优点。

1. 滚动轴承的结构

滚动轴承的基本结构如图 2-4-3 所示,它由外圈、内圈、滚动体、保持架四个部分组成。内圈常与轴一起旋转,外圈装在轴承座中起支承作用。也有外圈旋转、内圈固定或内外圈都旋转的。常用的滚动体如图2-4-4所示,有球、短圆柱滚子、长圆柱滚子、鼓形滚子、圆锥滚子、空心螺旋滚子、滚针七种。当内、外圈做相对回转时,滚动体沿着内、外圈上的滚道滚动,有的滚道可限制滚动体的轴向位移,能使轴承承受一定的轴向载荷。保持架的作用是使滚动体等距分布,避免滚动体相互接触,改善轴承内部的负荷分配。

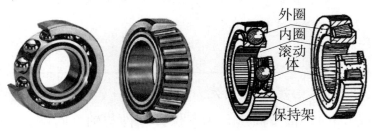

图2-4-3 滚动轴承的基本结构

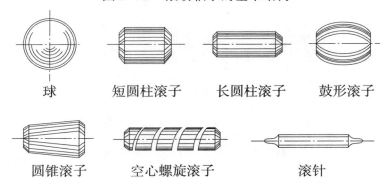

图2-4-4 常用的滚动体

滚动轴承的内、外圈和滚动体一般采用GCr15、GCr15SiMn、GCr6、GCr9等铬滚动轴承钢制造,淬火硬度达到HRC61~65,工作表面经过磨削抛光。保持架多用低碳钢冲压成型方法制造,也可采用黄铜和塑料等材料制造。

2. 滚动轴承的类型

按滚动体的形状,轴承可分为球轴承和滚子轴承两种类型。球轴承的滚动体与轴承内、外圈滚道为点接触,承载能力低、耐冲击性差,但摩擦阻力小、极限转速高、价格低廉。滚子轴承的滚动体与轴承内、外圈滚道为线接触,承载能力高、耐冲击,但摩擦阻力大,价格较高。按滚动体的列数,可分为单列、双列及多列;按工作时能否自动调心,可分为刚性轴承和调心轴承;按所能承受负荷的方向或接触角的不同,可分为向心轴承、推力轴承和向心推力轴承,如图2-4-5所示。

常用滚动轴承的类型、主要性能和应用见表2-4-4。

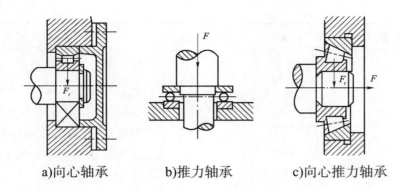

a) 向心轴承　　　b) 推力轴承　　　c) 向心推力轴承

图 2-4-5　滚动轴承的类型

常用滚动轴承的类型、主要性能和应用　　　　表 2-4-4

轴承类型	类型代号	简　图	承载方向	主要性能及应用
双列角接触球轴承	0		F_r ↑　F_a ←→ F_a	具有相当于一对角接触球轴承背靠背安装的特性
调心球轴承	1		F_r ↑　F_a ←→ F_a	主要承受径向载荷,也可以承受不大的轴向载荷,能自动调心,允许角偏差<2°～3°;适用于多支点传动轴、刚性较小的轴以及难以对中的轴
调心滚子轴承	2		F_r ↑　F_a ←→ F_a	与调心球轴承特性基本相同,允许角偏差<1°～2.5°,承载能力比前者大;常用于其他种类轴承不能胜任的重载情况,如轧钢机、大功率减速器、吊车车轮等
推力调心滚子轴承			F_r ←　F_a ↓	主要承受轴向载荷;承载能力比推力球轴承大得多,并能承受一定的径向载荷;能自动调心,允许角偏差<2°～3°;极限转速较推力球轴承高,适用于重型机床、大型立式电动机轴的支承等

续上表

轴承类型	类型代号	简图	承载方向	主要性能及应用
圆锥滚子轴承	3		F_r, F_a	可同时承受径向载荷和单向轴向载荷,承载能力高;内、外圆可以分离,轴向和径向间隙容易调整;常用于斜齿轮轴、锥齿轮轴和蜗杆减速器轴以及机床主轴的支承等;允许角偏差2°,一般成对使用
双列深沟球轴承	4		F_r, F_a F_a	除了具有深沟球轴承的特性,还具有承受双向载荷更大、刚性更大的特性,可用于比深沟球轴承要求更高的场合
推力球轴承、双向推力球轴承	5		F_a F_a F_a	只能承受轴向载荷,51000用于承受单向轴向载荷,52000用于承受双向轴向载荷,不宜在高速下工作,常用于起重机吊钩、蜗杆轴和立式车床主轴的支承等
深沟球轴承	6		F_r, F_a F_a	主要承受径向载荷,也能承受一定的轴向载荷;极限转速较高,当量摩擦系数最小,高转速时可用来承受不大的纯轴向载荷;允许角偏差<2°~10°,承受冲击能力差,适用于刚性较大的轴,常用于机床齿轮箱、小功率电动机等
角接触球轴承	7		F_r, F_a	可承受径向和单向轴向载荷,接触角越大,承受轴向载荷的能力也越大,通常应成对使用;高速时用它代替推力球轴承较好,适用于刚性较大、跨距较小的轴,如斜齿轮减速器和蜗杆减速器中轴的支承等;允许角偏差<2°~10°

续上表

轴承类型	类型代号	简图	承载方向	主要性能及应用
推力圆柱滚子轴承	8		F_a ↓	只能承受单向轴向载荷,承载能力比推力球轴承大得多,不允许有角偏差,常用于承受轴向载荷大而又不需调心的场合
圆柱滚子轴承（外圈无挡边）	N		F_r ↑	内、外圈可以分离,内、外圈允许少量轴向移动,允许角偏差很小<2°~4°,能承受较大的冲击载荷,承载能力比深沟球轴承大;适用于刚性较大、对中良好的轴,常用于大功率电动机、人字齿轮减速器

3. 滚动轴承的代号

滚动轴承的类型很多,每种类型又有不同的结构、尺寸、精度和技术要求,为了便于组织生产、设计和选用,GB/T 272—2017 规定了滚动轴承代号的结构及表示方法。滚动轴承代号由前置代号、基本代号和后置代号构成,其代表内容和排列顺序见表 2-4-5。

滚动轴承的代号　　　　　表 2-4-5

前置代号	基本代号					后置代号						
	五	四	三	二	一							
轴承分部件代号	类型代号	尺寸系列代号		内径代号		内部结构代号	密封、防尘与外部形状代号	保持架及其材料代号	轴承零件材料代号	公差等级代号	游隙代号	配置代号	振动及噪声	其他代号
		宽度系列代号	直径系列代号										

4. 滚动轴承的固定方法

为了保证滚动轴承的正常工作,滚动轴承在径向及轴向都需要进行可靠的固定。其中,周向固定主要依靠轴承内圈与轴之间、外圈与机座孔之间的配合来保证。滚动轴承的固定方法如表 2-4-6 所示。

滚动轴承的固定方法　　　　　　　　　　　　　　　　表 2-4-6

固定方法	图　示	特点及适用场合
止动环		结构简单、固定可靠，轴向尺寸小，但不能承受较大的轴向载荷，适用于外圈带止动槽的推力轴承
轴承端盖		用于向心和向心推力轴承在轴端的固定，端盖可以做成各种形式，当端盖为通孔状时，还可带有各种密封装置，适用于高速、轴向载荷较大的场合
孔用弹性挡圈		结构简单、装拆方便、轴向尺寸小，在轴承端面和挡圈之间加调整环，还可调整轴承的轴向位置，补偿加工、装配误差，适用于转速不高、轴向载荷不大的场合
螺纹环固定		采用螺纹环固定时，可调节向心推力轴承面对面排列的轴承游隙，但螺纹环应有防松措施，适用于转速高、轴向载荷较大的场合

5. 滚动轴承的密封

为防止外部环境中的灰尘、水分、油污等杂质进入轴承内部，并阻止轴承内润滑剂的流失，滚动轴承需要进行合理的密封。滚动轴承常用的密封方式有接触式密封和非接触式密封两类。滚动轴承常用的密封方式如表 2-4-7 所示。

滚动轴承常用的密封方式　　　　　　　　　　　　　　　表 2-4-7

密封方式		图　示	密封原理	适用场合
接触式密封	毛毡圈密封		利用毛毡的弹性和吸油性，与轴颈紧密贴合而起到密封作用	用于密封润滑油和润滑脂，其中，轴颈的圆周速度不大于 4~5m/s，工作温度不超过 90℃
	皮碗式密封		利用唇口与轴接触阻断泄露间隙，以防止泄漏和灰尘、杂质侵入	广泛用于密封润滑油，也可用于密封润滑脂，轴颈圆周速度不大于 7m/s，工作温度在 -40~100℃范围内

续上表

密封方式		图示	密封原理	适用场合
非接触式密封	间隙式密封		利用流体经过曲折通道而多次节流产生阻力,使流体难以流失,间隙越小越长,效果越好	主要用于密封润滑脂和防尘,要求环境保持干燥清洁

6. 滚动轴承的失效形式

1) 疲劳点蚀

轴承以 n>10r/min 的转速运转时,在载荷作用下,经过长时间周期性脉动循环接触应力的作用,就会在内、外圈滚道表面上或滚动体表面上产生疲劳点蚀。轴承出现疲劳点蚀后,将引起噪声和振动,旋转精度明显降低,从而使轴承不能正常工作。

2) 塑性变形

对于转速很低(n<10r/min)或做间歇转动的轴承,通常不会发生疲劳点蚀。但在很大的静载荷或冲击载荷作用下,会使轴承的滚动体和滚道接触处的局部应力超过材料的屈服极限,使轴承元件表面出现塑性变形(凹坑),导致轴承丧失工作能力。

3) 磨损

润滑不良或杂物和灰尘的侵入都会引起轴承早期磨损,从而使轴承旋转精度降低、噪声增大、温度升高,最终导致轴承失效。此外,由于设计、安装、使用中某些非正常的原因,也可能导致轴承的破裂、保持架损坏并出现回火、腐蚀等现象,使轴承失效。

(二) 滑动轴承

滑动轴承在工作时与轴之间发生滑动摩擦,它具有结构简单、安装方便、噪声小、抗震性能好、承载能力强和工作寿命长等优点,因而被广泛地应用于发动机、精密机床和重型机械等设备中。

根据承受载荷方向的不同,滑动轴承可分为向心滑动轴承(主要承受径向载荷)和推力滑动轴承(只承受轴向载荷)。

向心滑动轴承又称径向滑动轴承,工作时主要承受径向载荷,其结构形式有整体式、剖分式和调心式三种(表2-4-8)。

向心滑动轴承类型　　　　　　　表2-4-8

类　　型	实 物 示 例	结 构 图 示
整体式向心滑动轴承		
剖分式向心滑动轴承		
调心式滑动轴承		

通常将轴瓦的材料和轴衬的材料称为轴承材料。轴承材料应具有以下特性：良好的减摩性和耐磨性、足够的强度和塑性、良好的导热性和抗腐蚀性、较好的抗胶合性。常用的轴瓦有整体式和剖分式等形式(图2-4-6)，对于重要轴承，可在轴瓦的内表面浇铸一层或两层很薄的减摩材料(如巴氏合金等)，称为轴承衬。

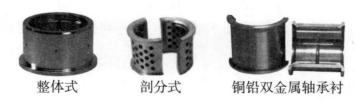

整体式　　　剖分式　　　铜铅双金属轴承衬

图2-4-6　轴瓦

滑动轴承工作时需要进行充分的润滑，其目的是减小摩擦，降低轴承部件的磨损，同时兼具冷却、吸振、防锈和降低噪声等功能。

三、联轴器

联轴器主要用于连接两轴，并传递运动和动力，有时也可作为传动系统中的安全装置,以防出现过载现象。

联轴器分为刚性和弹性两大类。刚性联轴器又分为固定式和可移式两类。固定式刚性联轴器不能补偿两轴的相对位移;可移式刚性联轴器能补偿两轴的相对位移。弹性联轴器有弹性元件,能补偿两轴的相对位移,并具有吸收振动和缓和冲击的能力。

(一) 固定式刚性联轴器

固定式联轴器的两轴能严格对中,在工作中不发生相对位移,它分为凸缘联轴器和套筒联轴器。

1. 凸缘联轴器

凸缘联轴器是应用最为广泛的固定式刚性联轴器,如图 2-4-7 所示,它有两个半联轴器分别装在两轴的两端,通过螺栓连接组成,利用半联轴器上的凸肩与凹槽相配合来对中,利用两个半联轴器接触面间的摩擦力来传递转矩。

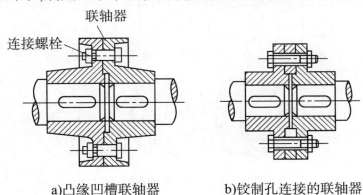

a)凸缘凹槽联轴器　　b)铰制孔连接的联轴器

图 2-4-7　凸缘联轴器

凸缘联轴器的结构简单、成本低、使用方便、可传递的转矩较大,但不能缓冲减振也不能补偿两轴线位移。常用于载荷较平稳的两轴连接。

2. 套筒联轴器

套筒联轴器由连接两轴端的套筒及连接的圆锥销钉或平键组成。如图 2-4-8 所示为键连接的套筒联轴器,它用紧定螺钉作轴向固定,以防止套筒轴向窜动。

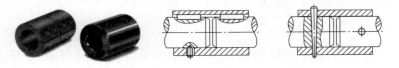

图 2-4-8　套筒联轴器

(二)可移式刚性联轴器

可移式刚性联轴器的组成零件间构成动连接,具有某一方向或几个方向的活动度,因此能补偿两轴的相对位移。常用的可移式刚性联轴器有以下几种。

1. 十字滑块联轴器

十字滑块联轴器由两个端面开有凹槽的套筒和一个两面加工有互相垂直凸台的中间盘组成,如图2-4-9所示。套筒分别与主动轴和从动轴连接为一体,中间圆盘的两面凸台分别嵌入两个套筒的凹槽中,可以移动。若两轴不同心或偏斜,中间圆盘两面的凸台可沿套筒的凹槽滑动。当转速较高时,中间圆盘的偏心会产生较大的离心惯性力,增加轴和轴承的附加载荷,使磨损加剧,因此十字滑块联轴器只适用于低速、冲击小的场合。

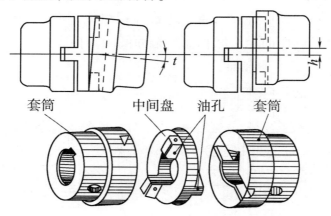

图2-4-9 十字滑块联轴器

2. 万向联轴器

万向联轴器由两个固定在轴上的叉状接头和十字销铰接而组成,通过十字销传递转矩,如图2-4-10所示。单个万向联轴器连接有交角的两轴,主动轴以等速转一周,从动轴虽然也随着转一周,但角速度作周期性的变化,两轴的瞬时传动比是变化的,在运转时不平稳,会引起附加载荷。为了克服以上缺点,万向联轴器通常要成对使用。万向联轴器能连接两相交轴,并在工作中能改变夹角,径向尺寸小。其在汽车的万向传动装置、转向机构、驱动桥中被广泛使用。

3. 齿式联轴器

如图2-4-11所示,齿式联轴器主要是由两个有内齿的外壳和两个有外齿的套筒所组成。联轴器的内齿轮齿数和外齿轮齿数相等,通常采用压力角为20°的渐开线齿廓。工作时靠啮合的轮齿传递转矩。由于轮齿间留有较大的间隙且外齿轮的齿顶制成球形,所以能补偿两轴的不同心和偏斜。齿式联轴器能传递很大的转矩并能补偿适量的综合位移,因此常用于重型机械中。

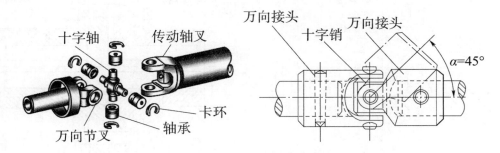

图 2-4-10　万向联轴器

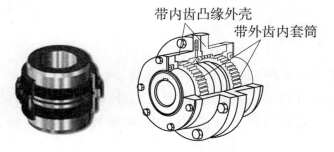

图 2-4-11　齿式联轴器

(三) 弹性联轴器

弹性联轴器是利用联轴器中弹性元件的变形来补偿两轴间的相对位移,并缓和冲击及吸收振动。常用的弹性联轴器有弹性套柱销联轴器和弹性柱销联轴器等。

1. 弹性套柱销联轴器

弹性套柱销联轴器如图 2-4-12 所示,弹性套柱销联轴器的结构类似凸缘联轴器,只是不用螺栓,而用 4~12 个带有橡胶(或皮革)套的柱销将两半联轴器连接起来。它适用于载荷平衡,正反转变化频繁,传递中、小转矩的场合,使用温度在 -20℃~50℃ 的范围内。

2. 弹性柱销联轴器

弹性柱销联轴器与弹性套柱销联轴器很相似,如图 2-4-13 所示,只是用尼龙柱销代替弹性套柱销,较弹性套柱销联轴器传递转矩的能力高,耐久性好,也有一定的缓冲和减振能力,允许被连接的两轴有一定的轴向位移。它适用于轴向窜动较大、正反转变动频繁的场合,使用温度在 -20℃~70℃ 之间。

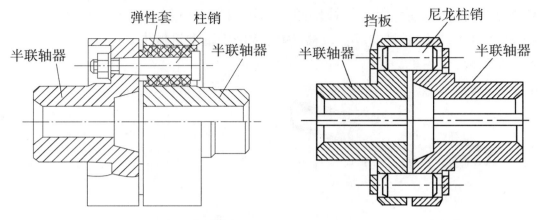

图 2-4-12　弹性套柱销联轴器　　　　图 2-4-13　弹性柱销联轴器

四、离合器

离合器是用来连接两轴,以传递运动和转矩,并且在机器运转过程中能随时使两轴进行接合或分离的一种机械装置。离合器的种类很多,按控制离合的过程可分为操纵离合器和自动离合器,按离合的原理可分为牙嵌式离合器和摩擦式离合器。

对离合器的主要要求有:(1)离合迅速,平稳无冲击,分离彻底,动作准确可靠;(2)接合元件耐磨性高,使用寿命长,散热条件好;(3)惯性小,工作安全;(4)操纵方便,调整方便。

(一)牙嵌式离合器

如图 2-4-14 所示为牙嵌式离合器,它由两个带有牙端面的半离合器组成,右端半离合器由导向平键与从动轴相连接,可在轴上滑动。左端半离合器用键和螺钉紧固在主动轴上,左端半离合器内固定有对中环,保证两轴对中。离合器可用杠杆、液压、气动或电磁吸力等带动滑环,使两个半离合器的端面牙齿接合或者分离。

(二)摩擦式离合器

摩擦式离合器由摩擦盘和滑环组成,靠摩擦盘接触面上产生的摩擦力来传递转矩。汽车上常用的摩擦离合器有单盘、双盘和多盘离合器。

如图 2-4-15 所示的为汽车上摩擦式单盘离合器结构。发动机飞轮即为离合器的主动件，带有摩擦片的从动盘和毂通过花键与从动轴（即变速器输入轴）相连，组成离合器从动部分。在压紧弹簧弹力作用下，从动盘（摩擦盘）与飞轮压紧，两者通过摩擦面间的摩擦作用传递发动机转矩。需要中断动力时，只要踩下离合器踏板，套在从动盘毂环槽中的拨叉便克服压紧弹簧弹力向后移动而与飞轮分离，两者之间产生一定间隙，摩擦作用消失，传递动力中断。

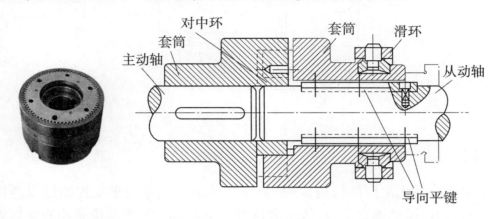

图 2-4-14　牙嵌式离合器

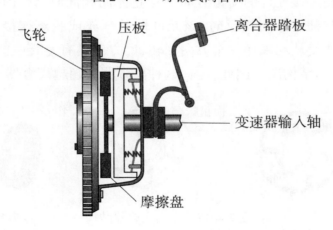

图 2-4-15　摩擦式离合器

（三）安全离合器

安全离合器用来防止因机器过载而损坏机件。当传递的转矩超过设计值时，离合器自行脱开或产生滑动，使连接中断。如图 2-4-16 所示为摩擦式安全离合器，其结构类似多盘式摩擦离合器，但没有操纵机构，摩擦面间的轴向压力靠弹簧及调节螺母调整到规定的载荷。当过载时，摩擦片打滑以限制离合器传递的最大转矩。

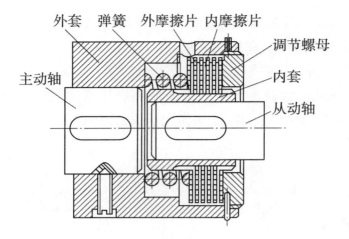

图 2-4-16 摩擦式安全离合器

(四)定向离合器

定向离合器无须控制机构,它是依靠其单向锁止原理来发挥固定或连接作用的,力矩的传递是单方向的,其连接和固定完全由与之相连接元件的受力方向所决定,当与之相连接元件的受力方向与锁止方向相同时,该元件即被固定或连接;当受力方向与锁止方向相反时,该元件即被释放或脱离连接;即在主动轴与从动轴之间,只能使从动轴作一个方向回转,反方向具有空转机能。图 2-4-17 所示为单向离合器的结构图。因此,也称这种离合器为超越离合器。

图 2-4-17 单向离合器结构

单元三　液压传动与气压传动

课题一　液压传动

液体传动是以液体（通常是油液）作为工作介质来传递能量和进行控制的一种传动方式。根据传动过程中所用能量形式的不同，液体传动可分为两大类：利用液体的动能变换来传递能量的传动方式称为液力传动（或称为动液传动），如自动变速器中常用的液力变矩器等；依靠封闭容积中液体的压力变换来传递能量和进行控制的一种传动方式称为液压传动（或称为静液传动），如现代汽车常用的液压制动系统、工程机械的操作系统等。

一、液压传动基础知识

（一）液压传动的原理

以液压千斤顶为例，介绍液压传动的工作原理。常用的手动液压千斤顶是一个简单的液压传动装置，如图 3-1-1 所示为液压千斤顶实物图。液压千斤顶工作原理图如图 3-1-2 所示。

液压千斤顶由大小不同的两个液压缸、活塞以及进排油阀等组成。当手柄向上提起时，小活塞上移，小液压缸下腔密封容积变大，形成局部真空，于是油箱内的油液在大气压力作用下，打开进油阀进入小液压缸下腔。当下压手柄时，小活塞向下移动，下腔密封容积减小，油液受到挤压，压力增大，进油阀关闭，排油阀打开，油液经管道进入大液压缸内，推动大活塞上移。这样反复提压手柄，就能源源不断地把油箱内的油液压入到大液压缸内，使大活塞下腔的密封容积不断变大，从而推动大活塞上升，重物逐渐被顶起。如果手柄停止动作，大液压缸下腔油液压力将排油止回阀关闭，大活塞连同重物一起被自锁停止在举升位置。

当需要放下重物时,打开截止阀,大液压缸内的油液在重力的作用下经截止阀回到油箱,大活塞下降复位,改变截止阀的开度大小,就可以控制重物下降的快慢。在这里,小液压缸的作用是通过不断地完成吸油和压油的过程,将机械能转换为油液的压力,它实际上相当于一只手动液压泵,而大液压缸的作用是将油液的压力转换为顶升重物的机械能。进油阀和排油阀只允许油液向一个方向流动,被称为止回阀,截止阀可以控制液压缸排油的流量,是一种简单的节流阀。油液则是用来传递能量的物质,称为工作介质,它们之间的协调动作将手的力传到物体上,并完成了举起物体的传动过程。

图 3-1-1 千斤顶

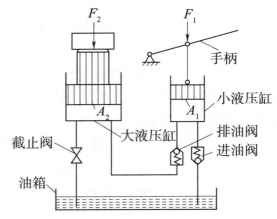

图 3-1-2 液压千斤顶工作原理图

液压千斤顶的工作原理是:以油液为工作介质,依靠密封容积的变化来传递运动,依靠油液内部的压力来传递动力,液压传动装置实质上是一种能量转换装置,它先将机械能转换为便于输送的液压能,然后又将液压能转换为机械能,以实现传动与控制的功能。

(二) 液压传动系统的组成

一个完整的液压传动系统一般由动力元件、执行元件、控制元件、辅助元件以及工作介质五大部分组成。

1. 动力元件

液压泵又叫油泵,其作用是向液压系统提供压力油,是系统的动力源。从能量转换角度看,它是将原动机输出的机械能转变成为油液压力能。

2. 执行元件

液压缸及液压马达的作用是在压力油的推动下,完成对外做功,满足使用要求。从能量转换角度看，它是将油液压力能转变成为驱动工作部件运动的机械能。可以实现直线运动的执行元件称液压缸，简称油缸，实现回转运动的执行元件称为液压马达。

3. 控制元件

控制油液的流动方向、流量、压力的装置，满足系统的工作要求，主要指各种阀类元件，如流量阀、压力阀、方向控制阀等。

4. 辅助元件

液压系统中担负油液输送、储存、净化及散热等任务的元件。辅助元件包括各种油管、油箱、滤油器、蓄能器、压力表、密封圈等。

5. 工作介质

系统中用来传递能量的物质，即压力油。

（三）液压传动的特点

液压传动与机械传动、电气传动和气压传动相比，有以下特点。

(1)与机械传动相比，传递同样载荷，液压传动体积小、质量轻；

(2)能对速度、转矩、行程做到无级控制；

(3)传动平稳、工作可靠，机械振动及撞击小，便于实现工作机构频繁换向；

(4)液压元件的自润性好，能实现系统的过载保护与保压，使用寿命长；

(5)结构简单，布局灵活，易实现远距离操纵和控制；

(6)液压元件易实现系列化、通用化、标准化，便于设计制造和推广使用；

(7)油液的黏度受温度变化的影响较大，在高精度的传动中，难以确保运动速度的恒定，在低温和高温下使用都有一定的困难；

(8)在液压元件的相对运动表面不可避免地会出现液压油的泄漏以及元件的变形，因此，液压传动的传动比不如机械传动精确；

(9)为了防止泄漏，对液压元件的加工和配合精度要求高，成本较高；

(10)由于黏性油液在管内流动时有压力损失，且随着管长和流速的增加而增加，因此，液压传动不宜用于远距离的传递动力；

(11)液压系统出现故障时，不易检查和排除。

液压传动的优点是主要的，存在的缺点随着设计制造和使用水平的不断提高，大多是可以逐渐克服的。因此，液压传动仍然是先进的传动方式，有着广泛的发展前景。

(四)液压传动的基本概念

1. 液体压力和压力传递

单位面积上所受的作用力(或液体的反作用力),力学上称为压力强度,在液压传动中简称为压力,可以用下式表示:

$$p = \frac{F}{A} \tag{3-1-1}$$

式中:p——油液的压力,Pa;
F——作用在油液表面上的外力,N;
A——油液表面承压面积,m^2。

图 3-1-3 所示为液体压力的产生过程,油液装在盖有活塞的密封容器内,如果活塞不加外力,而且活塞和油液的质量也忽略不计,这时压力表的指针在 0 位,表明油液没有压力。如果在活塞上逐渐增加载荷,可以看到指针逐渐向右偏转,表明油液有了压力,可见这个压力是外加负荷作用的结果。外力越大,压力也越大,当外力一定时,改变压力表的测点位置,油液各处的压力都一样大,同时油液没有产生流动现象而是保持平衡的静止状态,也表明各处压力相等。这说明由活塞作用到与其接触的油面上的压力是均匀地传递到各处的,这就是液体静压传递原理,或称为帕斯卡原理。密封容器里的液体,当一处受到压力作用时,压力将通过液体传到容器任何部位,并且压力值相等。

液体静压传递原理是液压传动的基本原理,在图 3-1-4 中容器左边由面积为 A_1 的小活塞和小液压缸组成,容器右边由面积为 A_2 的大活塞和大液压缸组成,两边由管道相连通,小活塞在外力 F_1 的作用下产生了压力 P_1,被油液传递到大液压缸中,对大活塞产生的液压推力 F_2 应为:

$$F_2 = P_1 A_2 \tag{3-1-2}$$

或

$$P_1 = \frac{F_1}{A_1} = \frac{F_2}{A_2} \tag{3-1-3}$$

即

$$\frac{F_1}{F_2} = \frac{A_1}{A_2} \tag{3-1-4}$$

如果 A_2 很大,A_1 很小,则只需要很小的外力 F_1 便能获得很大的液压力 F_2 推动重物上升。这就是说,力得到了放大,万吨水压机、汽车的油压制动系统和液压千斤顶都是根据这个原理制成的,而更复杂的液压传动技术也是在这个原理的基础上建立起来的。

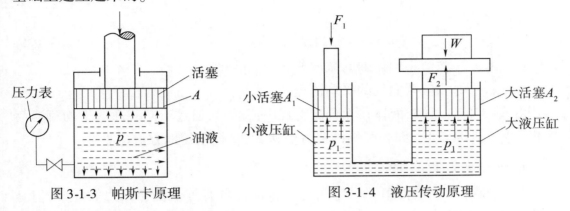

图 3-1-3　帕斯卡原理　　　　　图 3-1-4　液压传动原理

2. 液体的流速和流量

(1) 流速。指单位时间内油液在管道中流过的距离,用符号 v 表示,常用的单位是米/秒(m/s)。油液流动时,油液之间、容器壁和油液之间的摩擦力大小不同,以在同一截面上各点的真实流速并不相等,一般用平均流速这个概念来做近似计算。

(2) 流量。指单位时间内流过液压元件或管道某一截面的液体的体积,用符号 q 表示,常用单位是米³/秒(m³/s)。当通流面积为 A 时,流速和流量有如下关系:

$$v = \frac{q}{A} \tag{3-1-5}$$

式中:v——液流的平均流速,m/s;

　　　q——流入液压缸或者管道的流量,m³/s;

　　　A——有效作用面积或管道截面积,m³。

由上式可知,当液压缸面积一定时,液压缸(或活塞)的运动速度(油液的平均流速)只取决于进入液压缸的流量。若要改变运动速度,只要改变流入液压缸中的流量即可。

由于液体是不可压缩的,在压力作用下,液体中间也不可能有空隙,所以液体流经连通管道每一截面的流量应相等,因而进入管道一端和从管道另一端流出的液体的流量应相等,这就是液体流动连续性原理。

利用液体流动连续性原理,可以建立如图 3-1-5 所示的不同截面管道流速之间的关系。

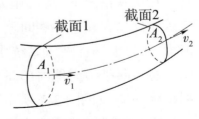

图 3-1-5　液流的连续性原理

由于：
$$q_1 = q_2 \tag{3-1-6}$$

则：
$$A_1 v_1 = A_2 v_2 \tag{3-1-7}$$

式中：A_1、A_2——两个不同截面的截面积；

v_1、v_2——相应截面处的平均流速。

由式(3-1-7)可知，液体在无分支管道中流动时，通过不同截面的平均流速与其截面积大小成反比，即管径细的地方流速大，管径粗的地方流速小。

3. 压力损失和泄漏

由液体静压传递原理可知，密闭的静止油液具有等值传递压力的性质，但是流动的油液情况并非如此。在液压系统中，油液常以较高的速度流动着。如图3-1-6所示，油液自 A 处流到 B 处，如果中间经过较长的直管、弯管、接头及各种各样的阀孔时，或者截面突然改变时，由于流动液体各质点之间，液体与管壁及阀体之间互相碰撞与摩擦的结果，对液体流动会产生阻力这种阻力称为液阻。由于存在液阻，系统会产生能量损失，主要表现为压力损失，即油液在 A 处的压力为 P_A 流到 B 处会降低到 P_B 值。压力差 $\Delta P = P_A - P_B$。压力损失可分为两种：一种叫沿程损失，是油液在截面积相同的直管中流动时所造成的压力损失；另一种叫局部损失，是油液流过管道截面积突然改变或者管道弯曲等局部位置时所造成的损失。在液压传动中，由于各种液压元件的结构、形状、布局等原因油管的形式比较复杂，所以后一种压力损失是主要的。液压系统中液压泵向液压缸供油时，要求液压泵的出口压力必须大于液压缸的进口压力，就是这个缘故。液阻所损耗的压力能转化为油液发热，引起系统泄漏增加，使液压元件受热膨胀而"卡死"，造成功率损失和系统故障。因此，应尽量减少液阻，以降低压力损失。在实际应用中，只要油液黏度适当，管道内壁光滑、尽量缩短管道长度，减少截面变化及管道弯度，就可使压力损失控制在很小的范围内。

在正常情况下，从液压元件的密封间隙漏出少量油液的现象叫泄漏。由于液压元件总存在着一些间隙，当间隙两端有压力差时，就会有油液从这些间隙中流出，所以泄漏在液压系统中总是不同程度地存在着。泄漏分为内泄漏和外泄漏。内泄漏是指元件内部高、低压腔间的泄漏，外泄漏是指系统内部的油液泄漏到系统外部，如图3-1-7所示。

所有的泄漏都是油液从高压处向低压处流动造成的。泄漏必然会引起能量损失，主要表现为流量损失，使工作机构不能获得系统供给的全部流量，造成容积损失,降低系统效率。外泄漏还会浪费油液和污染环境,甚至影响正常使用。

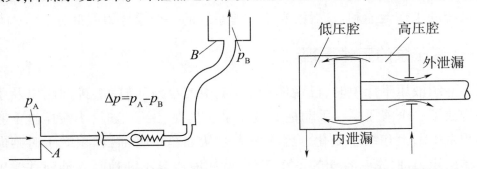

图 3-1-6　液体的压力损失　　　　图 3-1-7　液压缸中的泄漏

减少泄漏的办法是提高元件的制造精度、改进密封结构、提高密封件质量、选用黏度合适的油液、减少油液温度的升高等。

4. 功率

单位时间内所做的功称为功率,用 P 表示。单位为瓦(W)或千瓦(kW)。

(1)液压缸的输出功率。因为功率等于力和速度的乘积,所以液压缸的输出功率 P 等于负载阻力 F 乘以活塞的运动速度 v,即:

$$P = F \times v \tag{3-1-8}$$

由于 $F = P_缸 A$, $v = Q_缸/A$,所以液压缸输出功率又可写成:

$$P = P_缸 Q_缸 \tag{3-1-9}$$

式中:P——液压缸的输出功率,W;

$P_缸$——液压缸的最高工作压力,Pa;

$Q_缸$——液压缸的最大流量,m/s。

(2)驱动液压泵的电动机功率。液压泵在工作中由于存在着泄漏和机械摩擦所造成的流量损失和机械损失,所以驱动液压泵的电动机所需的功率比液压泵输出功率要大,两者之比用 η 总表示。即:

$$\eta_总 = \frac{P_泵}{P_电} \tag{3-1-10}$$

式中:$\eta_总$——液压泵的总效率,一般计算时,外啮合齿轮泵取 0.63~0.9,叶片泵取 0.75~0.85,柱塞泵取 0.8~0.9,或参照液压泵的产品目录;

$P_泵$——液压泵的输出功率;

$P_电$——驱动液压泵的电动机功率。

二、液压泵的结构及原理

液压泵是液压系统的动力元件,它将原动机(电动机或内燃机)输入的机械能转变为油液压力能输出,为执行元件提供压力油。液压泵的性能好坏直接影响液压系统的工作性能和可靠性,它是液压系统的一个重要组成部分。

(一)液压泵的工作原理

前面介绍液压千斤顶时,已说明图 3-1-1 中的小液压缸、进排油阀以及手柄等零件构成了一个液压泵——手动柱塞液压泵。当提、压手柄时,小液压缸下腔的密封容积发生增大和缩小变化。容积增大时从油箱中吸油,容积缩小时则向大液压缸输出压力油,密封容积的不断变化,就使液压泵不断地吸入油液并输出压力油。这种不断吸油、压油过程,就是液压泵的基本工作过程。

液压泵正常工作应具备的条件是:应具备密封容积;在吸油过程中,油箱必须与大气相通,大气压力是油泵吸油的条件;在压油过程中油的压力由外加负载的大小来决定,负载是油泵形成油压的条件;密封容积能交替变化,吸压油路必须分开;泵的流量决定于密封容积的变化量和变化速率。

虽然液压系统中普遍采用由电动机或内燃机驱动的液压泵,但其基本原理和手动柱塞泵一样,都是要产生密封(工作)容积的变化,所以各类液压泵又统称为容积泵。液压泵的种类很多,最常见的有齿轮泵、叶片泵和柱塞泵三大类。另外按输油方向能否改变可分为单向泵和双向泵,按其输出流量能否调节可分为定量泵和变量泵,按其额定压力有低压泵、中压泵和高压泵。液压泵的图形符号见表 3-1-1。

液压泵的图形符号 表 3-1-1

名称	名称单向定量	双向定量	单向定量	双向变量	并联单向定量
液压泵					

(二)齿轮泵

齿轮泵一般用于低压轻载系统,其结构简单,可分为外啮合式和内啮合式两类。常用的为外啮合式齿轮泵,其工作原理如图 3-1-8 所示。

当电动机(或其他动力)驱动主动齿轮旋转时,两齿轮转动方向如图 3-1-8 所示,这时吸油腔的轮齿逐渐脱离啮合,齿间形成的密封容积逐渐增大,造成局部真空,于是形成吸油。随着齿轮的旋转被带到压油腔,压油腔轮齿逐渐进入啮合,密封容积逐渐减小,油液压力升高,从出油口压出泵外,输入到液压系统中。

这就是外啮合齿轮泵的工作原理。

外啮合齿轮泵的优点是结构简单、尺寸小、质量轻、制造方便、价格低廉、工作可靠、自吸能力强、对油液污染不敏感、维修容易。它的缺点是一些机件承受不平衡径向力、磨损严重、泄漏大、工作压力的提高受到限制。此外,它的流量脉动大,因而压力脉动和噪声都较大。

(三) 柱塞泵

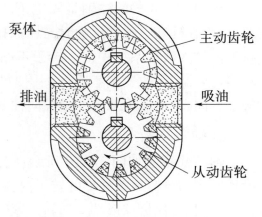

图 3-1-8　齿轮泵工作原理图

柱塞泵是利用柱塞在有柱塞孔的缸体内作往复运动,使密封容积发生变化而实现吸油和压油的一种液压泵。按柱塞排列方向不同,可分为径向柱塞泵和轴向柱塞泵。

1. 径向柱塞泵

径向柱塞泵是柱塞在转子中呈径向分布的一种泵,它的结构与工作原理如图 3-1-9 所示。该泵主要由转子、定子、柱塞和配油轴等组成,转子与定子之间有偏心距 E。在转子上径向分布着许多柱塞孔,孔中装有柱塞,转子转动时,柱塞在离心力作用下头部与定子内表面紧密接触,但由于有偏心距 E 的存在,所以柱塞在随转子转动的同时,又在柱塞孔内作径向往复运动于是便产生了容积变化。当转子绕轴按图 3-1-9 所示方向旋转时,上半周内各柱塞向外伸出,底部的密封容积逐渐增大,产生吸油。而下半周柱塞向里滑动,各柱塞密封容积逐渐减小,产生压油。

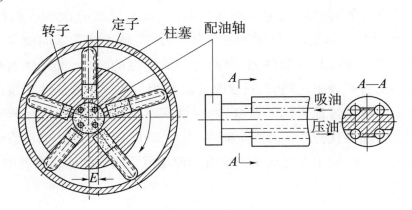

图 3-1-9　径向柱塞泵的结构原理

径向柱塞泵的配油轴是固定不动的,配油轴的内部设有进油孔道和出油孔道,分别在柱塞吸油和压油时与柱塞孔底部相通,使柱塞既能从油箱内吸油又能将油液排入液压系统中去。转子不断地旋转,柱塞就不断地进行吸排油工作循环,若移动定子改变偏心距 E 时,便可改变排量,改变偏心方向后就可以改变吸排油方向,还可成为双向变量径向柱塞泵。

2. 轴向柱塞泵

轴向柱塞泵如图 3-1-10 所示,它由转子、柱塞、斜盘和配油盘等组成。柱塞沿轴向均匀分布在圆柱形的转子内,斜盘与泵轴线有一倾斜角度,柱塞在根部弹簧的作用下,保持球形端头与斜盘紧密接触。在配油盘上开有两个弧形沟槽,分别与泵的吸油口和压油口连通形成吸油腔和压油腔。当传动轴带动泵体按图示箭头方向转动时,柱塞随着泵体转动,同时又在泵体孔内作轴向往复运动。在 $\pi \sim 2\pi$ 位置,柱塞从泵体中逐渐伸出,底部密封容积增大,产生吸油;在 $0 \sim \pi$ 时,柱塞被斜盘逐渐压进泵内,底部的密封容积减小,产生压油。泵体每转一周,柱塞每往复运动一次,完成一次吸压油过程。

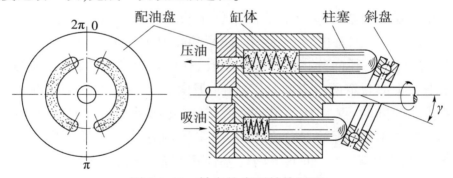

图 3-1-10 轴向柱塞泵结构原理

显然,该液压泵输油量决定于斜盘的倾角,改变倾角就改变了输油量,如果能使斜盘往相反的方向倾斜,泵油的方向随之改变,就可成为双向变量泵。

由于柱塞和柱塞孔均为圆柱面,容易得到高精度的配合,密封性能好,在高压下工作有较高的容积效率。同时,只要改变柱塞的工作行程就能改变泵的流量,故易实现流量的调节及液流方向的改变,所以柱塞泵具有压力高、结构紧凑、效率高以及流量调节方便等优点。缺点是轴向尺寸大,轴向作用力也较大,结构复杂,价格较高。柱塞泵一般用于需要高压大流量和流量需要调节的液压系统中。

(四)叶片泵

叶片泵按工作方式的不同可分为单作用叶片泵和双作用叶片泵两种。叶片泵的结构主要由转子、定子、叶片及开有配油槽的端盖等组成。

1. 单作用式叶片泵

单作用式叶片泵的工作原理如图 3-1-11 所示。转子由电动机带动,转子上开有均布的径向槽,大小相同的叶片装在转子的径向狭槽中,并可在槽中滑动转子与定子之间有偏心距 E,转子及定子的两侧各有配油盘配合。当转子转动时,叶片在离心力的作用(有时还在叶片根部通进压力油)下,使叶片紧靠在定子内壁上,这样在定子、转子、叶片和配油盘之间形成了若干个密封容积。当转子逆时针旋转时,叶片转至右半圆会逐渐向外伸出,形成吸油。在左半圆叶片被定子内壁逐

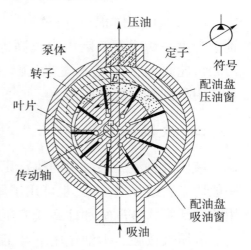

图 3-1-11 单作用式叶片泵工作原理

渐压进槽内,各密封容积不断减小,形成压油。转子每转一周,各密封(工作)容积完成一次吸油和压油的过程,故称为单作用式叶片泵。

2. 双作用式叶片泵

双作用叶片泵的工作原理如图 3-1-12a)所示。定子的内表面近似椭圆形,使得叶片每转一圈会形成两次伸出和缩回运动,于是密封容积便会产生两次吸压油动作。所以这种泵被称为双作用式叶片泵,因这种泵的转子和定子是同轴的,所以不能改变输油量,只能作定量泵使用。图 3-1-12B)所示为双作用叶片泵的外形图。

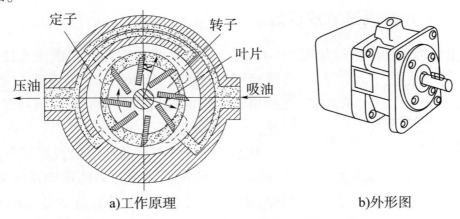

a)工作原理　　　　　　　　　b)外形图

图 3-1-12 双作用叶片泵的工作原理

3. 叶片泵的特点及应用

叶片泵具有体积小、质量轻、结构紧凑、排油量大、脉动小、流量均匀、转子及轴承受力平衡因而额定压力较高等优点。其缺点是对油液污染较敏感、自吸能力较齿轮泵差、结构也较复杂、工艺要求高,在各种液压机械的中压($63 \times 10^5 \text{Pa}$)系统中得到了广泛的应用。

三、液压缸

液压缸是液压系统中的执行元件,它是将液压能转变成机械能的转换装置,一般用于直线往复运动,也可用于周期性的摆动。液压缸有多种结构形式,最常用的有活塞式液压缸和柱塞式液压缸两种。图 3-1-13 所示为活塞式液压缸的结构。液压缸按在压力油作用下产生的运动方向数可分为双作用式和单作用式两种。本课题以活塞式液压缸为例,介绍其工作原理、性能、特点及密封与缓冲方法。

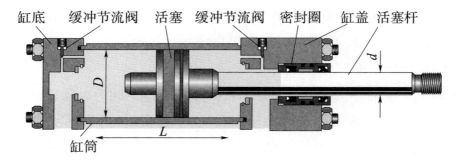

图 3-1-13 液压缸的结构

(一) 双出杆活塞式液压缸

双出杆液压缸的结构如图 3-1-14 所示。活塞两端面各有一根活塞杆伸出,且活塞杆直径相同,所以活塞两端面的有效工作面积相等。当液压缸右腔进油,左腔回油时,活塞左移,反之活塞右移。

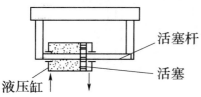

图 3-1-14 双出杆液压缸结构

当进入液压缸两腔的油液的流量、压力一定时,活塞或缸体往返两个方向的运动速度和推力相等,这种液压缸的特点是缸体固定,活塞杆运动,工作台的往复运动范围等于有效行程的 3 倍,一般用于小型液压设备上。

(二) 单出杆活塞式液压缸

如图 3-1-15 所示，单出杆活塞式液压缸的缸体是固定不动的，活塞杆与工作台相连，活塞的运动可带动工作台作往复运动，由于单出杆活塞缸仅一端有活塞杆，所以活塞无杆腔内油液作用的有效面积比有杆腔油液作用的有效作用面积大，右腔通压力油，活塞向左运动，左腔通压力油，活塞向右运动。

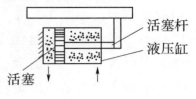

图 3-1-15　单出杆液压缸结构

由图 3-1-16 可以分析出，活塞两端面的有效工作面积不相等，左侧工作面积 πD^2 大于右侧工作面积 $\pi(D^2 - d^2)$，因此，可知道单出杆活塞式液压缸有以下特点。

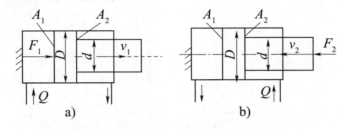

图 3-1-16　单出杆液压缸的工作情况

（1）活塞往复运动速度不相等，当两腔有效工作面积相差越大，速度差别就越大；

（2）活塞两个方向所获得的推力不相等，慢速运动时，活塞获得的推力大，快速运动时获得的推力小；

（3）液压缸的运动范围小，无论是缸体固定还是活塞固定，液压缸的运动范围都是工作行程的 2 倍。

(三) 液压缸的密封、排气与缓冲

1. 液压缸的密封方法

液压缸是一种依靠密封工作容积的变化来传递力和速度的元件。其密封性能的优劣、寿命的长短，直接影响液压缸的工作性能和效率。因此，凡是容易造成泄漏的地方，都应该是密封的。液压缸的密封部位，主要是活塞与缸体、活塞杆与端盖之间的动密封以及端盖与缸体之间的静密封。对密封装置的要求是：液压缸所选用的密封元件，在一定工作压力下具有并保持良好的密封性能，并且密封性能应随着压力的升高而自动提高，使泄漏不致因压力升高而显著增大。

此外还要求密封元件结构简单、寿命长、摩擦力小,不致产生卡死、爬行等现象。常用的密封方法有间隙密封和密封圈密封。

(1)间隙密封。间隙密封不使用密封圈,而是依靠活塞与缸壁间很小的配合间隙来密封。如图 3-1-17 所示。活塞上开有几个环形小槽,环形小槽一方面可以减小活塞与缸壁的接触面积,使泄漏液流的阻力增大,泄漏量便会减小,从而增强密封能力。另一方面,由于环形槽中的油压作用,使活塞处于中心位置,减少由于侧压力所造成的运动表面之间的摩擦,这种密封的摩擦力小,但密封性能差,加工精度要求较高。间隙密封只适用于尺寸较小、压力较低、运动速度较高的场合。

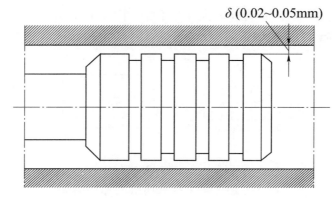

图 3-1-17　间隙密封

(2)密封圈密封。密封圈密封是液压系统中应用最广泛的一种密封方法。密封圈常用耐油橡胶、尼龙制成,截面呈"O"形、"Y"形、"V"形等,如图 3-1-18 所示。"O"形密封圈结构简单、制造容易、密封可靠、摩擦力较小、适用范围较广,它既可以作为运动件之间的动密封,又可作为固定件之间的静密封,因此应用最为普遍;"Y"形密封圈密封可靠、寿命长,一般用于速度较高的液压缸密封;"V"形密封圈由多层夹织物制成,它耐高压、性能好,

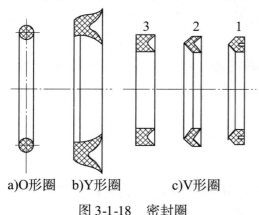

图 3-1-18　密封圈

但结构复杂,密封处摩擦力较大,所以在中、低速液压缸中应用较多。

2.液压缸的排气

液压系统中渗入空气后,会影响运动的平稳性,引起活塞低速运动时的爬行和换向精度下降等,甚至在开车时,会产生运动部件突然冲击现象。为了便于排

除积留在液压缸内的空气,对运动平稳性要求较高的液压缸常在两端安装排气塞。排气塞的结构如图 3-1-19 所示。它的使用方法是:在液压系统工作前,先拧开排气塞,让活塞全行程空载往返数次,使空气通过排气塞排出,然后拧紧排气塞即可。

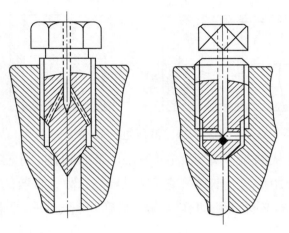

图 3-1-19　排气塞结构

3.液压缸的缓冲

当液压缸带动质量较大的工作部件,以较快的速度运动时,由于惯性力大,可能使活塞与缸盖在行程终了时发生撞击并造成液压冲击和振动,严重影响机械精度,甚至引起破坏性故障。为此,大型、高速或高精度的液压缸必须采用缓冲结构,其作用是防止活塞在行程末端以高速撞击油缸端盖。常用的缓冲结构可由活塞凸台(圆锥或带槽的圆柱)和缸盖凹槽(内圆柱面)所构成。如图 3-1-20 所示,当活塞接近缸盖时,凸台逐渐进入凹槽,将凹槽中的油液经凸台与凹槽之间的缝隙挤出。此时凹槽中的油液由于受挤产生压力,压力作用在凸台上就像弹簧作用在凸台上一样,增大了活塞阻力,降低了活塞运动速度,从而可避免撞击端盖。也可使用止回元件和节流元件并联而成的止回节流阀组成缓冲装置,其工作原理是:活塞接近末端时将回油口遮住,形成缓冲油腔,其中的油液只能经节流窄缝流出,增大了回油阻力,从而实现制动缓冲。液压缸的缓冲都是利用节流作用实现的。

四、液压控制元件

液压系统中,需要各种不同的控制元件(液压控制阀)来控制和调节液流方向、压力及流量,以满足执行元件对运动方向、输出的力或力矩、运动速度、动作顺序以及限制和调节液压系统的工作压力、防止过载等要求,从而保证机械的各项动作准确、协调地进行。控制元件种类繁多,按其用途和工作特点的不同,主要可分为方向控制阀、压力控制阀和流量控制阀。

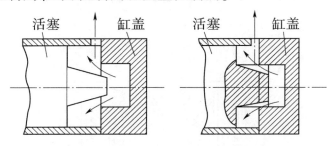

图 3-1-20　液压缸的缓冲结构

各种控制元件从结构上来说,它们几乎都由阀体、阀芯和调整或操纵机构三部分组成。从作用原理上来说,它们都是通过改变油液的通路或液阻来进行工作的,对阀的基本要求是:动作灵敏、准确可靠、工作平稳、结构合理、密封性好。

1. 方向控制阀

控制油液流动方向的阀称为方向控制阀,简称方向阀。在液压系统中方向控制阀用于控制油液的通、断及流动方向,以满足回路的需要,实现执行机构的启动、停止和改变运动方向。常用的方向阀分为止回阀和换向阀两种类型,其中止回阀是液压传动系统中使用最多的一种控制元件。

(1)止回阀。又称单向阀,其作用是控制压力油按一个方向流动。止回阀主要有普通止回阀和液控止回阀两类。

图 3-1-21 为普通止回阀的结构,该阀由阀体、弹簧和阀芯等组成。阀芯分钢球式和锥阀式两种,钢球式阀芯构造简单,但密封性能不如锥阀式,一般只在低压、小流量的系统中应用。当压力油从油口进入时,克服弹簧的作用力,顶开阀芯,从出油口流出。当油液反向流动时,在弹簧和压力油的作用下,阀芯紧压在阀口上,使油液不能通过。一般止回阀开启压力为 $0.35 \times 10^5 \sim 0.5 \times 10^5 \mathrm{Pa}$。

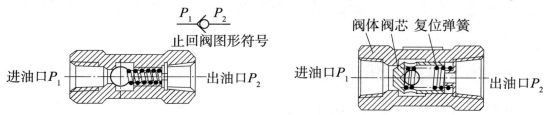

图 3-1-21　止回阀

在图 3-1-22 的左侧有一个小控制活塞,当控制油口不通压力油时,主通道中的油液只能从进油口 P_1 流入,顶开阀芯从出油口 P_2 流出,相反方向则闭锁不通。当控制油口 K 接通压力油时,活塞左部受油压作用,因活塞的右腔 A 与泄油口相通,控制活塞被推动向右移动,借助于悬伸的顶杆将阀芯顶开,这时进油口和出油口敞开,油液可双向自由流动,此时该阀只相当于一段油管。

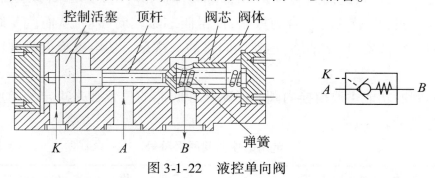

图 3-1-22　液控单向阀

在液控止回阀的图形符号中,有一段虚线,它表示与控制油口 K 相连接的那根控制管路。液压元件内,凡是仅起到让某构件动作作用的油路都是控制油路,用虚线表示。

(2)换向阀。其利用阀芯和阀体间相对位置的改变,来控制油液流动方向,接通或关闭油路,从而改变液压系统的工作状态。

图 3-1-23 所示为二位四通换向阀的工作原理及符号,滑阀芯有左端和右端两个位置,其圆柱面上开有两个宽槽,形成 3 个台肩,左端与电磁铁接触,右端有压缩弹簧的作用。阀体的阀芯孔上开有 5 个环形槽,每槽各有一个油口分别与 4 个油道相通,其中 P 为进油口,与液压泵的压力油相通;O 为回油口,与油箱相通;A、B 为通往液动机的工作油口。

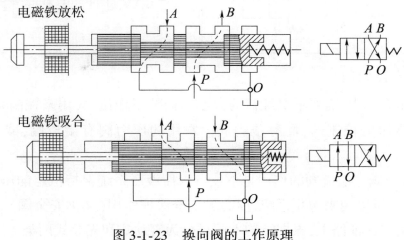

图 3-1-23　换向阀的工作原理

电磁铁在线圈不通电时处于放松状态(常态,电磁铁不起作用),滑阀芯在弹簧推动下处于左端位置。这时,进油方向为 $P{\rightarrow}B$,回油方向为 $A{\rightarrow}O$,使活塞向一方移动。

电磁铁在线圈通电时处于吸合状态,滑阀芯在电磁力推动下,压缩弹簧后处于右端位置。这时,进油方向为 $P{\rightarrow}A$,回油方向为 $B{\rightarrow}O$,使活塞向反方向移动。

由此可见,电磁铁的吸合与放松,使滑阀芯做轴向移动,从而改变阀芯与阀体的台肩配合位置,切断油路,达到换向目的。这是一切电磁换向阀共同的工作原理。

换向阀的功能主要由换向阀的通路数和阀芯的位置数来决定。常用的换向阀图形符号见表3-1-2。

常用的换向阀图形符号 表3-1-2

名称	符号	名称	符号
二位二通	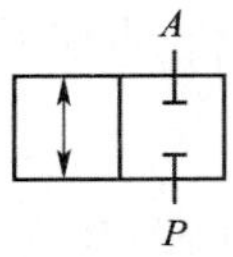	二位五通	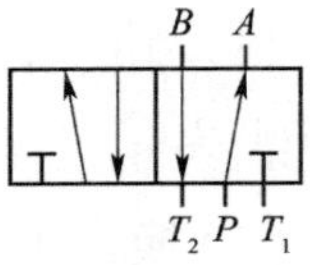
二位三通	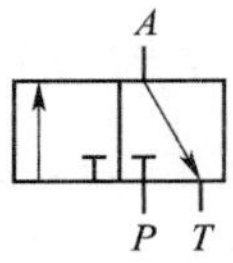	三位四通	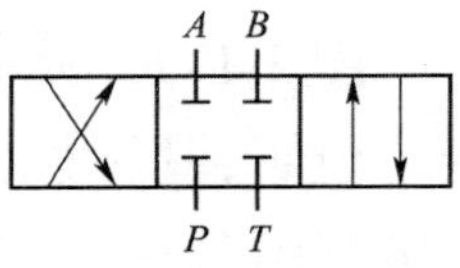
二位四通	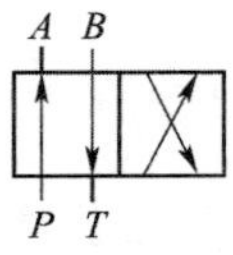	三位五通	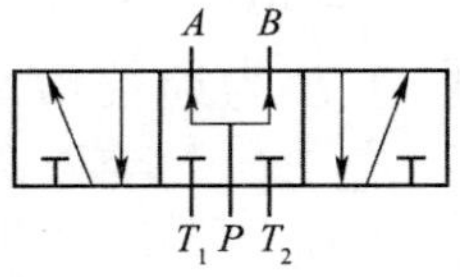

2. 压力控制阀

在液压系统中,需要根据载荷的大小来调节工作压力,用来控制系统压力高低的元件称压力控制阀,简称压力阀。常用的压力阀有溢流阀、减压阀、顺序阀等。

(1)溢流阀。溢流阀的作用是不仅可以使液压系统保持恒定的压力,起稳压溢流作用,还可以用来防止系统过载,起安全保护作用(又称安全阀)。它一般接在液压泵出口的油路上,根据结构不同可分为直动式和先导式两类。

溢流阀(直动式)的图形符号、工作原理如图3-1-24所示。它由滑阀、弹簧、调压螺杆和阀体等组成。

(2)减压阀。减压阀的作用是用来降低系统中某一分支油路的压力,使该分支油路的元件获得比液压泵供油压力低而且稳定的工作压力,以满足执行机构的需要。减压阀有直动式和先导式两类,一般采用先导式。减压阀的结构原理(先导式)由阀芯、锥阀、平衡弹簧和调压弹簧等组成。减压阀的图形符号、工作原理如图3-1-25所示。

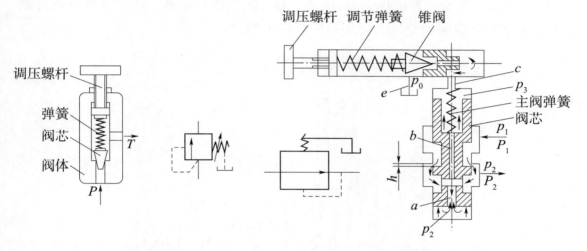

图3-1-24 直动型溢流阀　　　　　图3-1-25 先导式减压阀结构原理

当压力为p_1压力油从阀的进油口P_1流入,经节流缝隙h减压以后,压力降为p_2再从出油口P_2流出,送往执行机构。低压油经通道a与主阀芯的下端油腔相通,同时又经阻尼孔b与主阀芯的上端油腔相通,该腔经通道c与锥阀右腔相通,低压油给锥阀一个向左的液压力。该力与调压弹簧的弹力相平衡,从而控制低压油p_2基本保持调定压力。

当载荷较小,P_2口压力p_2小于调定压力时,锥阀芯不开,主阀芯上端油腔(通锥阀芯右端油腔)压力$p_3=p_2$,主阀芯上、下端液压力相等,平衡弹簧的弹力克服摩擦阻力,将主阀芯推至下端,节流口h打开,减压阀处于不工作状态。由于平衡弹簧只需克服摩擦阻力,故可以做得很软。

如果载荷增大,p_2升高,则p_3随之升高,当p_3超过调定压力值时,锥阀芯打开,少量油液经锥阀口、通道e,由泄油口流回油箱。这时阻尼孔b有液流通过,产生压力降,使$p_2<p_1$,当此压力差所产生的向上推力大于自重、摩擦力和平衡弹簧的弹力时,主阀芯向上移动,使h减小,节流加剧,p_2下降,直到作用在主阀芯上的诸

力相平衡,主阀芯便处于新的平衡位置,节流口 h 保持一定开度。

(3) 顺序阀。顺序阀的作用是利用液压系统中流体压力的变化来控制管路的通断,从而控制某些执行元件动作的顺序。

通常使用的顺序阀多为直动式,图3-1-26为直动式顺序阀结构原理图,直动式顺序阀的结构和工作原理都和直动式溢流阀相似。P_1为进油口,P_2出油口。进油口的压力油通过阀芯中间的小孔作用在阀芯的底部,当进油口压力较低时,阀芯在上部弹簧力作用下处于下端位置,此时油口P_1和P_2不通。当进口油压力p_1增大到大于弹簧调整的压力时,阀芯上移,进、出油口接通。压力油就从顺序阀流过顺序阀开启的调整压力可用调压螺杆来调整。

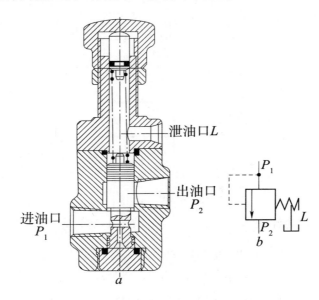

图 3-1-26　直动式顺序阀

3. 流量控制阀

在液压传动中,用来控制液流流量的阀为流量控制阀,简称流量阀。常用的流量阀有节流阀和调速阀,其中节流阀是最基本的流量控制阀。

(1) 节流阀。节流阀的作用是调节流量控制液压缸速度。如图3-1-27所示,油从入油口P_1流入,经过阀芯下端的轴向三角节流槽,再从出油口P_2流出。拧动阀右边的调节螺杆,就可以使阀芯做轴向移动,从而改变节流口的开口面积,使通过的流量得到调节。假如油从P_2流向P_1,节流阀同样能调节流量。因此,节流阀是不分流动方向的,这种普通节流阀,结构简单,制造容易体积小,但负载和温度的变化对流量的稳定性影响较大。因此,只适用于载荷和温度变化不大或速度稳定性要求较低的液压系统。

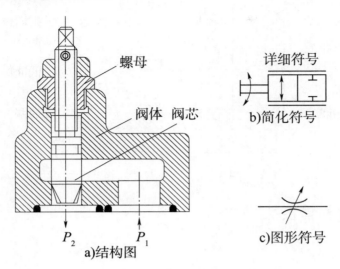

图 3-1-27　节流阀工作原理

（2）调速阀。调速阀由一个节流阀和减压阀组合而成。当工作负载变化时，减压阀能自动保证节流阀口前后的压力差不变，从而稳定了调速阀的流量，也就稳定了液压缸的运动速度。在液压系统中，凡是能用节流阀调节流量的地方，都可以采用调速阀。如图 3-1-28 所示的是调速阀工作原理。

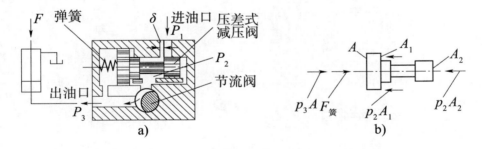

图 3-1-28　调速阀工作原理

五、液压辅件

(一) 油箱

油箱在液压系统中的主要功能是储油、散热、分离油液中的空气和沉淀杂物。油箱的容积主要根据散热要求来确定，同时还必须考虑机械在停止工作时系统油液在自重下能全部返回油箱。图 3-1-29 为油箱的结构。

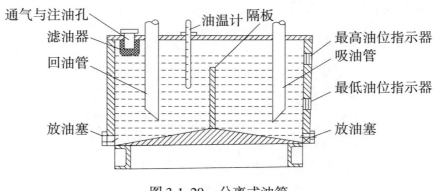

图 3-1-29　分离式油箱

(二) 油管和管接头

1. 油管

液压系统中常用的油管有钢管、铜管、橡胶软管、尼龙管、塑料管等。固定元件的油管常用钢管和铜管,有相对运动的元件之间采用软管连接,回油管可用尼龙管和塑料管。图 3-1-30 是金属硬管连接实例,图 3-1-31 是橡胶软管连接实例,要尽量避免管接头附近的软管立即弯曲,要防止软管受拉或扭曲,软管交叉时应尽量避免接触摩擦,为此可设置管夹子。

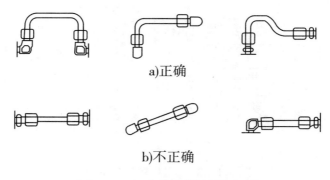

图 3-1-30　金属硬管连接实例

2. 管接头

管接头是油管与油管、油管与液压元件之间可拆装的连接件,它应满足拆装方便、连接牢固、密封可靠、外形尺寸小、通油能力大等要求。管节头的形式和种类很多,按外形分为直通、弯头、三通等;按接头和油管的连接方式不同,又可分为扩口式、焊接式、卡套式等,如图 3-1-32 所示。管接头处如处理不当,容易漏油,安装管螺纹时,一般在外螺纹上涂密封胶,将会有利于密封。

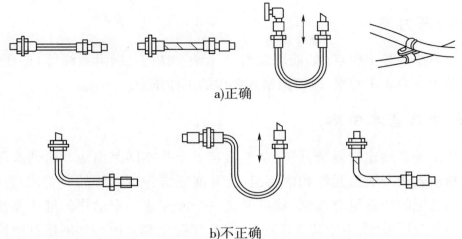

图 3-1-31 橡胶软管连接实例

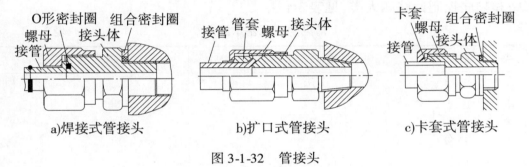

a) 焊接式管接头　　b) 扩口式管接头　　c) 卡套式管接头

图 3-1-32 管接头

(三) 滤油器

滤油器用于过滤油液中的杂质，避免管道、元件内腔可能发生的堵塞以及由此而造成的故障。滤油器通常安装在液压泵的吸油管路上或重要元件的前端，如图 3-1-33 所示。常用的滤油器有网式滤油器、线式滤油器、烧结式滤油器和纸芯式滤油器等。

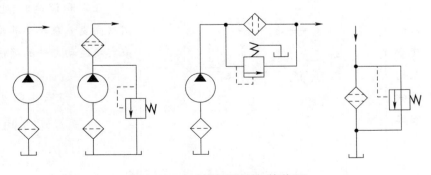

图 3-1-33 滤油器的安装位置

(四)压力表

液压系统中各工作点(如液压泵出口、减压阀后面、润滑系统等)的压力,一般都借助于压力表来观察,以便调整到要求的工作压力。

六、液压基本回路

液压系统虽然比较复杂,但它总是由若干个基本回路组成。所谓液压基本回路是指由若干个液压元件和油管组成,并能完成特定功能的典型回路。多个具有不同功能的回路组合起来,就可形成一个能完成一定动作的液压系统。对于任何一种液压系统,不论其复杂程度如何,实际上都是由一些液压基本回路所组成。常用的基本回路按其功能可分为方向控制回路、压力控制回路、速度控制回路和顺序控制回路四大类,见表3-1-3。

常见的液压基本回路　　　　　表3-1-3

类型		图示	作用
方向控制回路	换向阀换向回路	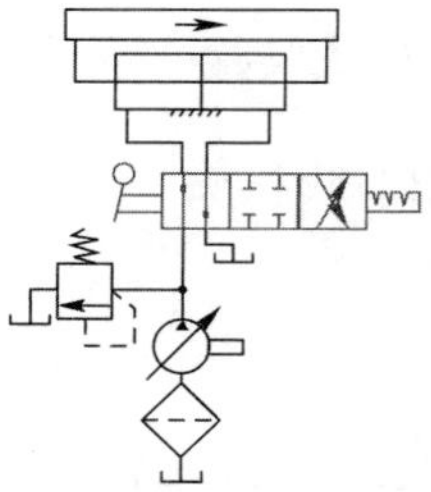	方向控制回路是通过控制液压系统中油液的通、断和流动的方向来实现执行元件的启动、停止、换向和锁紧等。 换向回路一般由换向阀来实现。在容积调速时,也可以利用双向变量泵改变其输油方向来实现运动部件的换向
	双向变量泵的换向回路		

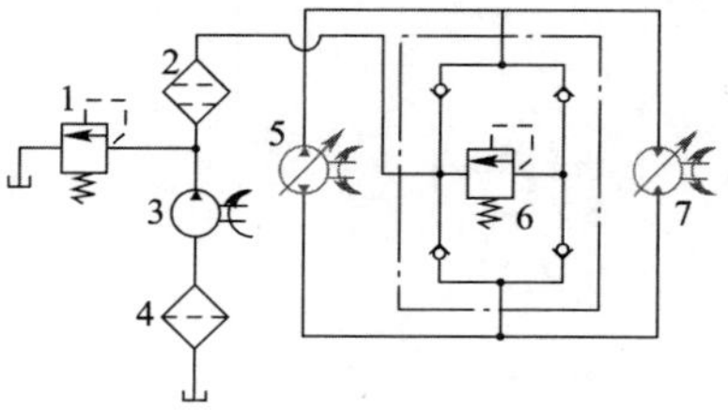

续上表

类型		图示	作用
方向控制回路	锁紧回路 换向阀锁紧回路	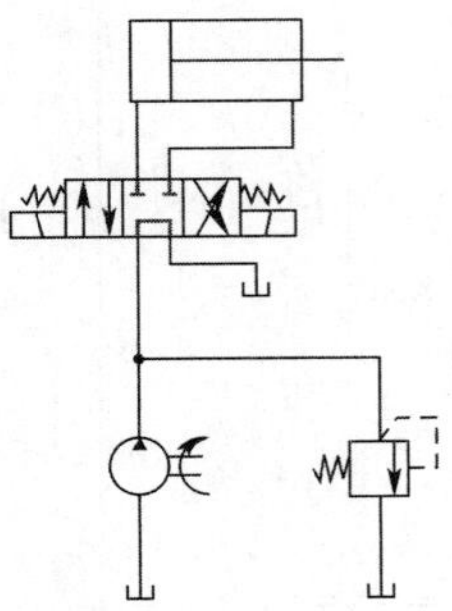	锁紧回路的功用是切断执行元件的进出油口通道，使其保持在既定位置上。锁紧回路一般有换向阀锁紧回路、液控单向阀锁紧回路等
	液控单向阀锁紧回路	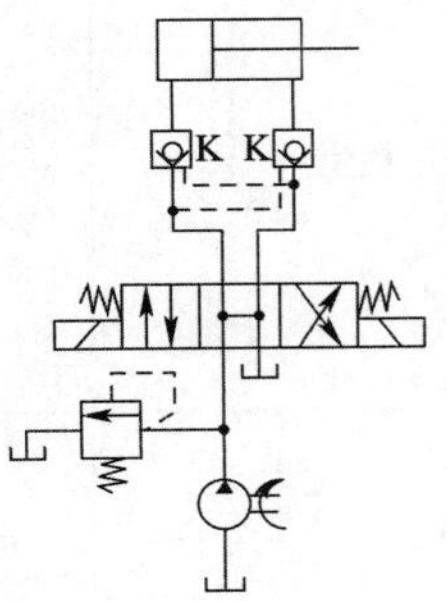	
压力控制回路	调压回路	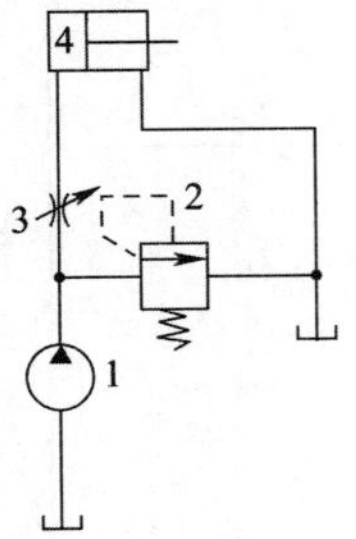	压力控制回路的作用是利用压力控制阀控制整个系统或某一支路工作压力。调压回路的功能是为系统提供稳定的压力
	减压回路	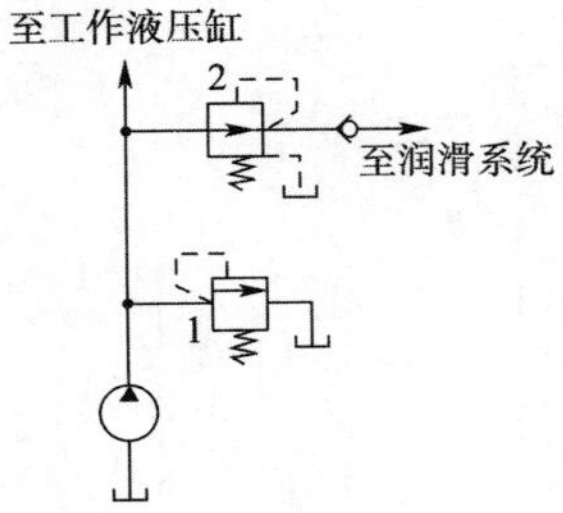	减压回路的作用是为系统中某支路或执行元件提供低于主管路压力的稳定压力

续上表

类 型		图 示	作 用
压力控制回路	增压回路		增压回路是使系统局部压力大于液压泵的输出压力
	卸荷回路		节省动力,减少系统发热。能够使泵卸荷的回路称为卸荷回路
速度控制回路	节流调速	进油节油调速回路	速度控制回路是控制液压执行元件运动速度的单元回路。按照调速方式不同,调速回路有节流调速和容积调速两种。节流调速是在采用定量泵的液压系统中,利用节流阀或调速阀来改变进入液压缸的流量,从而实现速度调节的方法
		回油节油调速回路	
		旁路节流调速回路	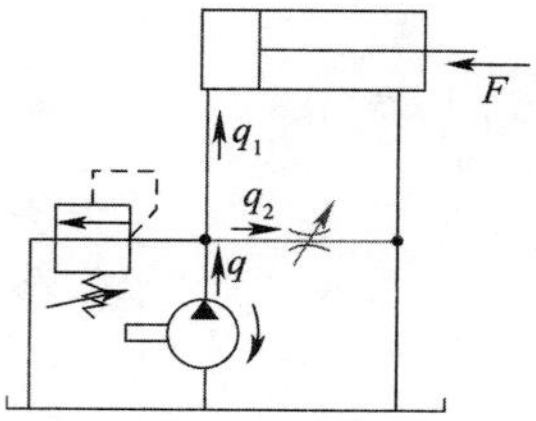

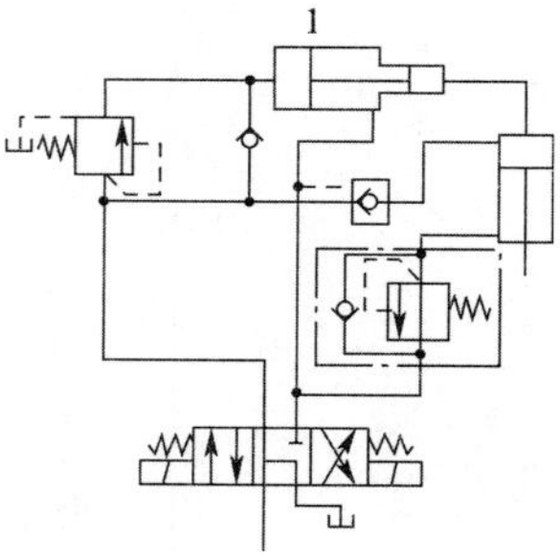

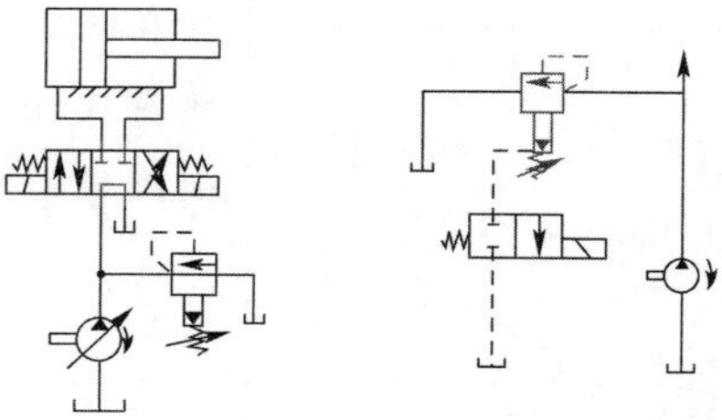

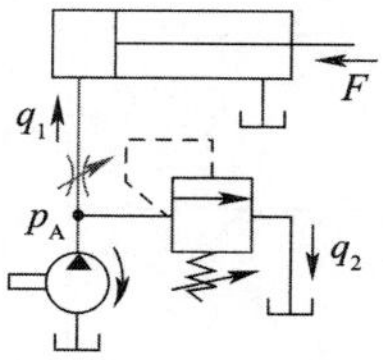

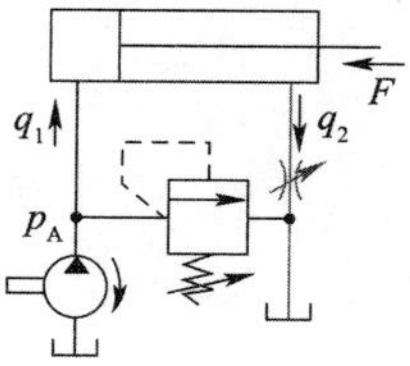

续上表

类型		图示	作用
速度控制回路	容积调速	变量泵调速回路	容积调速是用改变变量泵或变量电动机排量的方法来控制液动机的运动速度。与节流调速相比,容积调速的主要优点是效率高(压力和流量的损耗小),回路发热量少。故适用于功率较大的液压系统中
		变量马达调速回路	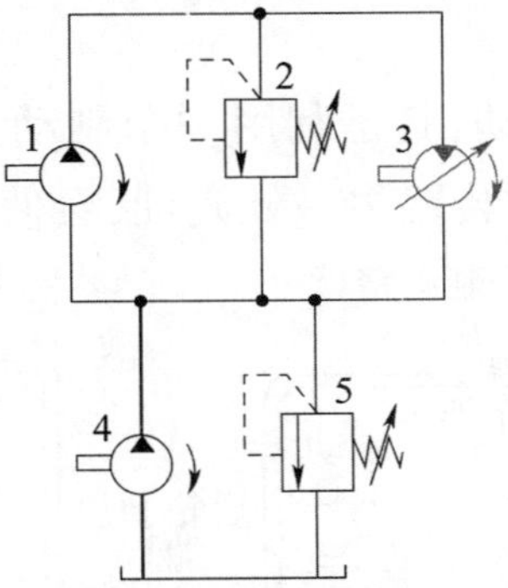
顺序动作回路			顺序动作回路是要求某些执行元件的运动严格按顺序依次动作,满足这些要求的液压回路。常用的顺序动作回路按控制原理可分为压力控制和行程控制两种

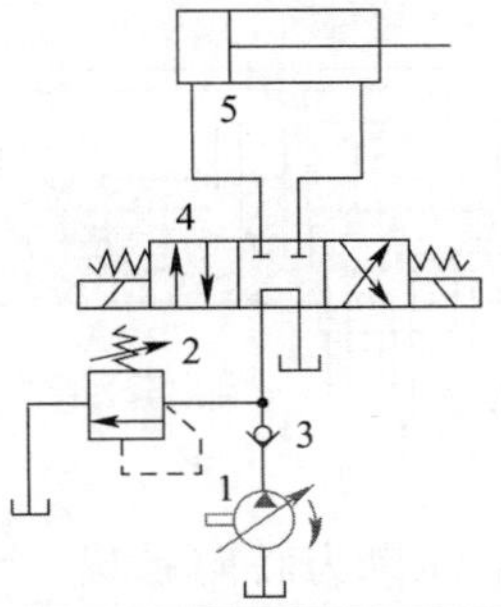

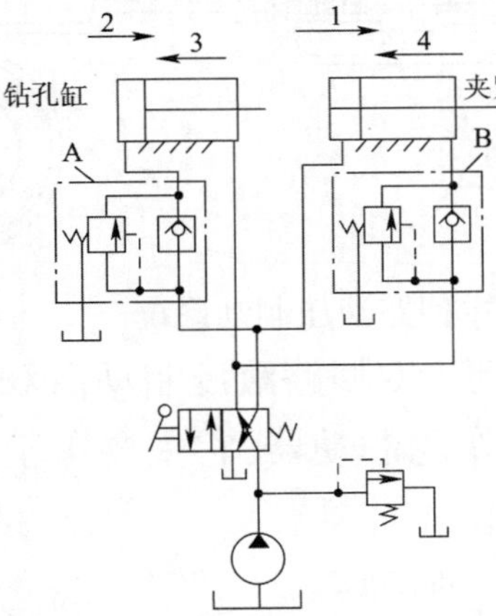

七、汽车典型液压传动应用实例

1. 汽车动力转向系统

汽车动力转向系统一般由油泵、动力缸、操纵阀等组成。如图 3-1-34 所示,驾驶人通过转向盘来控制操纵阀,以使油泵供给的高压油推动缸体运动,随之推动转向机构,使车轮产生相应的转向运动。

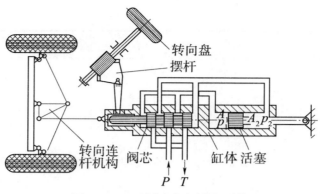

图 3-1-34 液压助力转向系统

2. 液压制动系统

图 3-1-35 所示为单回路液压制动,其是利用一个制动主缸,通过一套相互连通的管路,控制全车制动器。若传动装置中一处漏油,会使整个制动系统失效。

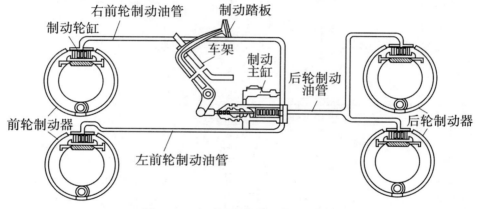

图 3-1-35 单回路液压制动系统

图 3-1-36 所示为双回路液压制动。双回路液压制动由双腔制动主缸和两套独立(交叉)管路分别对角独立控制车轮制动器,它主要用于对前轮制动力依赖性较大的发动机前置前轮驱动的汽车。

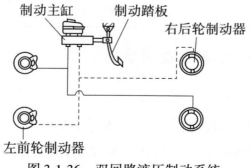

图 3-1-36 双回路液压制动系统

课题二 气压传动

一、概述

气压传动与液压传动都是以有压流体(压缩空气或压力油)为工作介质来进行能量转换、传递和控制的传动形式,故统称为流体传动。

气压传动是以压缩空气为动力,通过对压缩空气的压力、流量和方向的控制来驱动执行机构,实现各种动作,并对外做功。如常见的气压制动系统、气控车门启闭机构等都是典型的气压传动技术在汽车上的应用。

1. 气压传动系统的组成

气压传动系统与液压传动系统原理相似,只是工作介质不同,气压传动的工作介质很显然就是气体(压缩空气)。一个完整的气压传动系统主要由以下四部分组成。

(1) 气源装置。气源装置是获得压缩空气的能源装置。主体部分是空气压缩机,将机械能转为气体的压力能,为系统提供压缩空气。

(2) 执行元件。将压力能转换为机械能的装置,如气缸、气动马达等。其中,气缸用来实现直线运动和摆动,气动马达用来实现回转运动。

(3) 控制元件。用来调节气动系统中气体的流动方向、压力和流量的装置,即各类控制阀,如方向控制阀、压力控制阀和流量控制阀等。

(4) 辅助元件。辅助元件的作用是使压缩空气净化、润滑、消声及元件间的连接。常用的辅助元件有消声器、空气过滤器、油雾器等。

2. 气压传动系统的特点

(1) 气压传动以空气为工作介质,取之不尽,故无介质供应的困难和介质费用的支出,用完之后直接排放,也不污染环境,气压传动管路也较简单。

(2) 压缩空气的工作压力较低,一般为 $4 \times 10^5 \sim 8 \times 10^5$ Pa。因此,可降低气动元件的精度要求,使元件制作容易,成本低。

(3) 空气的性质受外界影响较小,所以适合在高温、防爆、振动、腐蚀等恶劣环境中工作。

(4) 气压元件反应灵敏、动作迅速,一般只需 0.02~0.03s 就可建立起所需要的压力和速度,因此,特别适用于一般设备的控制。

(5)空气的黏度很小,在管道中流动时的压力损失较小,故压缩空气便于集中供应和长距离输送。

(6)由于气体的可压缩性,便于实现系统的自动过载保护。

(7)气动元件维护使用方便,管路也不易堵塞,不存在介质的变质、补充、更换等问题。

(8)由于空气的可压缩性,使气动装置的工作速度不易稳定和调节,特别是外负载变化时,对系统的影响很大。

(9)由于空气工作压力较低,在同等载荷的条件下,气动元件较液压传动元件结构尺寸大。

(10)气动装置中的信号传递速度较慢,噪声较大。

二、气压传动的主要元件

(一)空气压缩机

空气压缩机是气压传动系统的动力元件,其作用是将机械能转换成气体压力能。如图3-2-1所示是卧式活塞式空气压缩机,当活塞向右运动时,气缸内活塞左腔的压力低于大气压力,吸气阀被打开,空气进入气缸内,该过程称为吸气过程;当活塞向左移动时,吸气阀在缸内气体的作用下关闭,缸内气体被压缩,该过程称为压缩过程;当缸内气压增高到略高于输气管内的气压后,排气阀被打开,压缩空气进入输气管道内,该过程称为排气过程。

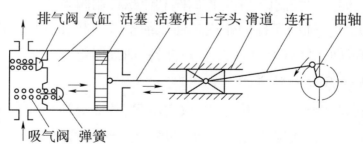

图3-2-1 卧式活塞式空气压缩机

(二)气动控制阀

气压传动的气源为空气压缩机,由于气压传动是长距离集中供气的,所以一台设备的气动系统与空气压缩机直接连接的不多。供气管道中的压缩空气也并非直接输入到气压传动系统中,它需要作进一步的处理后才能使用,如调压、过滤、润滑等。

调压阀、分水滤气器和油雾器是对气源进行上述处理的3个主要元件。虽然调压阀属于控制元件,分水滤气器和油雾器属于辅助元件,但是它们通常组装在一起共同完成气源的处理工作,所以习惯上统称为气动三大件。

1. 调压阀

(1) 作用。气动调压阀的作用在于减压和稳压,气动调压阀的原理和液压传动中的减压阀相似,主要不同点在于液压中的减压阀的调节弹簧,通过阀芯和液压力相平衡,而气压调节阀的调节弹簧通过橡胶膜片和气体压力相平衡。图3-2-2所示为直动型气动溢流阀其工作原理。

(2) 安装及使用。阀体上箭头指示方向为气体流动方向,不可装反。在调压阀前装分水滤气器,调压阀后装油雾器。调压阀不用时应旋松手柄,以免膜片长期受压引起塑性变形,影响精度,调压阀应垂直安装。

2. 流量控制阀

在气压系统中,有时要求执行机构的工作速度能调节、换向阀的换向时间能控制、控制信号速度可调节等,这都要通过调节压缩空气的流量来实现。

流量调节阀包括节流阀(以针阀用得最多)、止回节流阀、延时阀等。气动系统的节流阀与的工作原理液压系统类同,不再重复介绍。图3-2-3所示为气动单向节流阀的结构。

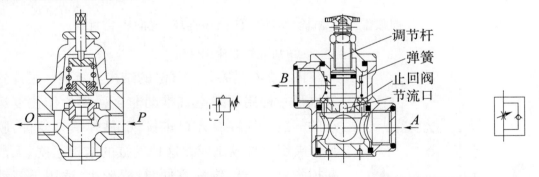

图3-2-2　直动型气动溢流阀　　　　图3-2-3　气动单向节流阀

3. 方向控制阀

方向控制阀是用来控制气体流动方向和气流通断的气动控制元件。它的动作原理和结构与液压换向阀近似,分类也大致相同,有止回阀和换向阀两类。图3-2-4所示的是止回阀。

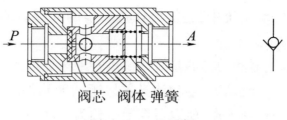

图 3-2-4　止回阀

（三）气缸

气缸是将压缩空气的压力能转变为机械能,并驱动工作机构作往复直线运动或摆动的装置。气缸的种类很多,除几种特殊的气缸外,普通气缸的种类及结构形式与液压缸基本相同,其中应用最广泛的是活塞式气缸,如图 3-2-5 所示为单活塞杆双作用气缸。目前最常选用的是标准气缸,其结构和参数都已系列化、标准化、通用化。

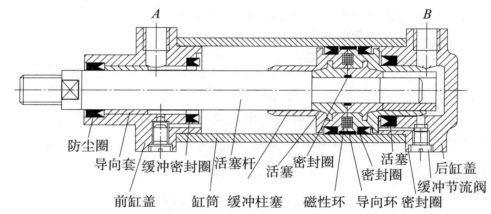

图 3-2-5　单活塞杆双作用气缸

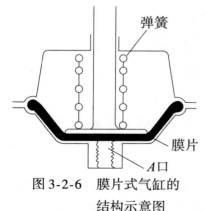

图 3-2-6　膜片式气缸的结构示意图

图 3-2-6 是膜片式气缸的结构示意图。膜片式气缸是一种用压缩空气推动非金属膜片作往复运动的气缸。气缸由 A 口进排气,靠弹簧力复位,膜片由夹织物橡胶制成。这种气缸的结构紧凑、无泄漏损失、成本低、维修方便、行程较小,适用于气动夹具自动调节阀及短行程工作场合。

（四）辅助装置

气动系统中用来传递能量的压缩空气在进入工作管路前,需要除去油污、灰尘、水分等杂质,此外,气动元件在工作时还需要润滑和消除噪声。气动系统中的主要辅助元件有过滤器、油雾器、消声器、管道等。

1. 过滤器

过滤器种类很多,但工作原理大致相同,使用较广的是分水滤气器。过滤器的作用是滤除空气中的水分、油滴及脏物,净化气源。

如图 3-2-7 所示,压缩空气从输入口进入后,沿旋风叶片强烈旋转,离心力使气体中较大的水滴、油滴和灰尘在与水杯内壁摩擦过程中分离出来,并沉积于存水杯的底部。然后气体通过滤芯,剩余少量的微粒灰尘、雾状水被滤除后,洁净的空气从输出口输出,供气动系统使用。挡水板的作用是防止气体旋涡把杯中的积水卷起,破坏分水滤气器的过滤作用。当杯中的积水接近挡水板时,应及时打开放水阀,把积水放掉,由于这种过滤器大大减轻了滤芯的负担,从而延长了滤芯的使用时间,而且过滤面积大,压力损失小。

过滤器安装在气源入口处,调压阀之前,壳体上的箭头为气流方向,不能装反。使用一段时间后若发现滤芯变色、油泥较多时,应拆下滤芯并在酒精中洗刷干净,干燥后装上可继续使用。

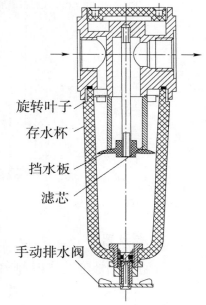

图 3-2-7 分水过滤器

2. 油雾器

油雾器将润滑油雾化并喷射到压缩空气中去,起润滑气阀及气缸摩擦面的作用。

如图 3-2-8 所示,压缩空气从气流入口进入,通过喷嘴下端的小孔进入阀座的腔室内,在截止阀的钢球上下表面形成差压,由于泄漏和弹簧作用,而使钢球处于中间位置。压缩空气进入存油杯的上腔,油面受压,压力油经吸油管将止回阀的钢球顶起。钢球上部管道有一个方形小孔,钢球不能将上部管道封死,压力油不断流入视油杯内,再滴入喷嘴中,被主管气流从上面小孔引射出来,雾化后从输出口输出。

油雾器安装在分水过滤器和调压阀之后,否则,会损坏减压阀内橡胶薄膜,油面不能太高,一般不超过截止阀外螺母,否则,油雾会中断;节流阀用来调节供油量,一般以每 $10m^3$ 自由空气供给 $1cm^3$ 润滑油;可在不停气的情况下松开加油旋塞往杯内加油,但加油时须保持不低于 0.1MPa 的压力,否则,会由于截止阀关不严而让压缩空气进入杯中,使杯中油液从旋塞口往外喷出。

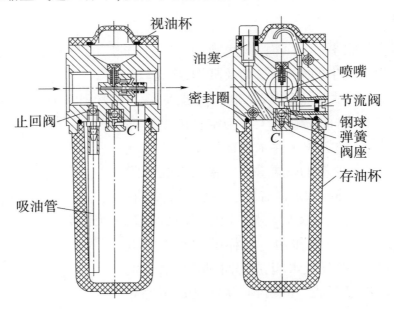

图 3-2-8　油雾器

3. 消声器

气缸、气阀在工作时排气速度较高,气体体积剧烈膨胀会产生刺耳的噪声,噪声的强弱随排气的速度、排气量和空气通道的形状而变化。排气的速度和功率越大,噪声也越大。一般可达 100～120dB,为了降低噪声,一般在排气口装设消声器。

消声器是通过阻尼或增加排气面积来降低排气的速度和功率,从而减少噪声。通常消声器有吸收型、膨胀干涉型和膨胀干涉吸收型。图 3-2-9 所示为吸收型消声器的结构图,消声套用铜颗粒烧结成型,是目前使用最广泛的一种。

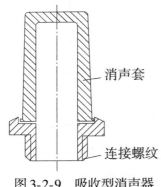

图 3-2-9　吸收型消声器结构图

三、气压传动在汽车上的应用

气压传动在汽车和汽车修理中得到了广泛的应用,如中型以上汽车的制动系中基本上都采用气压制动;在汽车修理车间中,气动扳手、空气锤等也都应用了气动技术;公共汽车的车门启闭机构部分采用了气压技术。

图 3-2-10 所示为采用连杆传动的车门启闭机构简图。当气缸内的活塞受气压作用向左运动时,其连杆带动左扇车门轴上的摇臂,使左扇车门开启。同时,通过中间的换向摇臂带动右侧连杆和右侧车门轴上的摇臂,使右扇车门开启。反之,则使车门关闭。

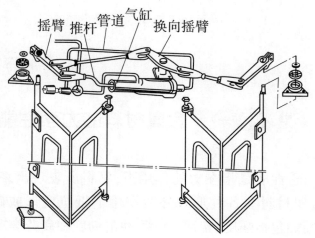

图 3-2-10　车门启闭机构

单元四　汽车用材料

课题一　金属材料的力学性能

金属材料的力学性能是指在力的作用下,材料所表现出来的一系列力学性能指标,反映了金属材料在各种形式外力作用下抵抗变形或破坏的某些能力。金属材料的力学性能包括强度、塑性、硬度、冲击韧度和疲劳等项目。

一、强度

强度是指金属材料在载荷作用下抵抗破坏(永久变形或断裂)的性能。塑性是指金属材料在载荷作用下产生塑性变形(永久变形)而不破坏的能力。

1. 拉伸试验

金属材料的强度和塑性指标可通过拉伸试验测得。拉伸试验是用静拉伸力对试样进行轴向拉伸,测量拉伸力和相应的伸长,并测量其力学性能的试验。

试验在拉伸试验机上进行,图4-1-1为电子拉伸试验机。

试验时用被测金属材料的标准试样,拉伸试样的形状通常有圆柱形和板状两类。图4-1-2所示为圆柱形拉伸试样。

图4-1-1　电子拉伸试验机

图4-1-2　圆柱形拉伸试样

在圆柱形拉伸试样中 d_0 为试样直径，l_0 为试样的标距长度，根据标距长度和直径之间的关系，试样可分为长试样（$l_0 = 10d_0$）和短试样（$l_0 = 5d_0$）。直径为 d_0，标距长度为 l_0 的试样（图 4-1-3a）装夹在拉伸试验机上，缓慢增加拉伸力，试样标距的长度将逐渐增加，直至被拉断。再将两段试样对接起来，标距将增至 l_k，断裂处横截面直径减至 d_k（图 4-1-3b）。同时记录装置记录下拉伸过程中的力—伸长曲线。

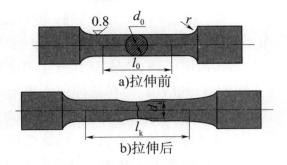

图 4-1-3 拉伸过程试样形变图

2. 力—伸长曲线

在试验过程中，电子试验机自动记录了每一瞬间载荷 F 和变形量 ΔL，并给出了它们之间的关系曲线，故称为拉伸曲线（或拉伸图）。拉伸曲线反映了材料在拉伸过程中的弹性变形、塑性变形和直至拉断时的力学特性。

图 4-1-4 为低碳钢的拉伸曲线。由图可见，低碳钢试样在拉伸过程中，可分为弹性变形、塑性变形和断裂三个阶段。

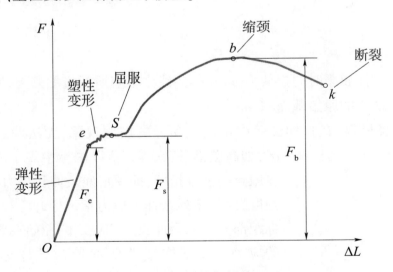

图 4-1-4 低碳钢的拉伸曲线

观察拉伸试验和力—伸长曲线，会发现在拉伸试验开始阶段，即当载荷不超过 F_e 时，拉伸曲线 oe 为一直线，在该阶段试样的伸长量与载荷成正比地增加，如果卸除载荷，试样变形消失，恢复到原来的尺寸，即试样处于弹性变形阶段。

当载荷超过 F_e 后,试样将进一步伸长,但此时若卸除载荷,弹性变形消失,而有一部分变形却不能消失,即试样不能恢复到原来的长度,称为塑性变形或永久变形。

当载荷增加到 F_s 时,试样开始明显的塑性变形,在拉伸曲线上出现一段水平(或锯齿形)的线段,即在拉伸力不再增加的情况下,试样的塑性变形仍然增加,这种现象称为屈服。F_s 称为屈服拉伸力。

超过屈服拉伸力后,试样抵抗变形的能力将会增加,此现象为冷变形强化,即恢复抵抗拉伸力的能力。当载荷继续增加到某一最大值 F_b 时,试样的局部截面缩小,产生了颈缩现象。由于试样局部截面的迅速减少,故载荷也逐渐降低,当达到拉伸曲线上的 k 点时,试样就被拉断。F_b 是试样拉断前能承受的最大拉伸力,称为极限拉伸力。

3. 强度指标

1) 屈服点和规定残余伸长应力

金属材料抵抗拉伸力的强度指标有屈服点、规定残余伸长应力、抗拉强度。

屈服点是指在外力作用下开始产生明显塑性变形的最小应力。即试样在试验中力不增加(保持恒定)仍能继续伸长(变形)时的应力,用 σ_s 表示,单位为 MPa(或 N/mm^2)。

即

$$\sigma_s = \frac{F_s}{S_0} \qquad (4-1-1)$$

式中:F_s——试样屈服时的拉伸力,即拉伸曲线中 S 点所对应的外力,N;

S_0——试样的原始截面积,mm^2。

某些金属材料,在拉伸试验中不出现明显的屈服现象,无法确定其屈服点 σ_s,如高碳钢、铸铁等。所以国标中规定一个相当于屈服点的强度指标,即规定残余伸长应力(条件屈服强度)。规定残余伸长应力指试样卸除拉伸力后,其标距部分的残余伸长达到规定的原始标距百分比时的应力。以试样塑性变形量为试样标距长度的 0.2% 时为例,$\sigma_{r0.2}$ 表示规定残余伸长率为 0.2% 时的应力。

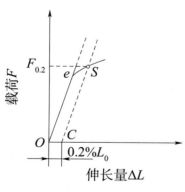

图 4-1-5 条件屈服强度

$\sigma_{r0.2}$ 的确定方法如图 4-1-5 所示,在拉伸曲线横坐标上截取 C 点,使 $OC = 0.2\% L_0$,过 C 点作 Oe 斜线的平行线,交曲线于 S 点,则可找出相应的载荷 $F_{0.2}$,从而计算出 $\sigma_{r0.2}$。

2) 抗拉强度

抗拉强度是金属材料断裂前所承受的最大应力,故又称强度极限,常用 σ_b 来表示,单位为 MPa(或 N/mm²)。

即

$$\sigma_b = \frac{F_b}{S_0} \tag{4-1-2}$$

式中:F_b——指试样所承受的最大拉伸力,即拉伸曲线上 b 点所对应的外力,N;

S_0——试样的原始横截面积 mm²。

屈服强度和抗拉强度在机械设计和选择、评定金属材料时有重要意义,因为金属材料不能在超过其 σ_s 的条件下工作,否则会引起机件的塑性变形;金属材料也不能超过其 σ_b 的条件下工作,否则,会导致机件的破坏。脆性金属材料的 $\sigma_{r0.2}$ 也难测得,所以在使用脆性金属材料制造机械零件时,常以 σ_b 作为选材和设计的依据。

二、塑性

试样拉断后,弹性变形消失,但塑性变形仍保留下来。工程上用试样拉断后的变形表示材料的塑性指标。

1. 延伸率

试样拉断后,标距长度的增加量与原标距长度的百分比称为延伸率,用符号 δ 表示:

$$\delta = \frac{L_1 - L_0}{L_0} \times 100\% \tag{4-1-3}$$

式中:L_1——试样拉断后对接的标距长度,mm;

L_0——试样原标距长度,mm。

拉伸试样的原始标距 L_0 与原始直径 d_0 之间通常有一定的比例关系。$L_0 = 10d_0$ 时,称为长试样;$L_0 = 5d_0$ 时,称为短试样。使用长试样测定的延伸率用符号 δ_{10} 表示,通常写成 δ;使用短试样用符号 δ_5 表示。同一材料延伸率 $\delta_5 > \delta_{10}$。

2. 断面收缩率

试样拉断后,横截面积的缩减量与原横截面积的百分比称为断面收缩率,用 ψ 表示:

$$\psi = \frac{S_0 - S_1}{S_0} \times 100\% \tag{4-1-4}$$

式中:S_0——原横截面面积,mm²;

S_1——试样断口处的最小横截面面积，mm^2。

δ、ψ 是衡量材料塑性变形能力大小的指标，δ、ψ 大，表示材料塑性好$\delta<2\sim5\%$属于脆性材料，如铸铁、混凝土、石料等；$\delta\approx5\sim10\%$属于韧性材料；$\delta>10\%$属于塑性材料，如钢材、铜、铝等。

金属材料的塑性好坏，对零件的加工和使用都具有重要的实际意义。塑性好的材料不仅能顺利地进行锻压、轧制等成型工艺，而且在使用时一旦超载，由于发生塑性变形，能避免突然断裂，保证机件工作时的安全可靠。

三、硬度

硬度是衡量金属材料软硬程度的一种性能指标，它是指金属表面抵抗局部塑性变形或破坏的能力。硬度是检验毛坯或成品件、热处理件的重要性能指标。机械制造业中所用的各类刃具、量具、模具都应具备足够的硬度，才能满足使用性能的要求。机械零件中的齿轮、凸轮、曲轴等也必须具备一定硬度，以保证足够的耐磨性。硬度分类见表4-1-1。

硬度分类　　　　　　　　　　　　　　　　表4-1-1

	类别	特点
硬度分类	①划痕硬度	主要用于比较不同矿物的软硬程度，方法是选一根一端硬、一端软的棒，将被测材料沿棒划过，根据出现划痕的位置确定被测材料的软硬。定性地说，硬物体划出的划痕长，软物体划出的划痕短
	②压入硬度	主要用于金属材料，方法是用一定的载荷将规定的压头压入被测材料，以材料表面局部塑性变形的大小比较被测材料的软硬。由于压头、载荷以及载荷持续时间的不同，压入硬度有多种，主要分为布氏硬度、洛氏硬度、维氏硬度和显微硬度等几种
	③回跳硬度	主要用于金属材料，方法是使一特制的小锤从一定高度自由下落冲击被测材料的试样，并以试样在冲击过程中储存(继而释放)应变能的多少(通过小锤的回跳高度测定)确定材料的硬度

四、金属材料的冲击韧性和疲劳

1. 冲击韧性

生产中许多机器零件，都是在冲击载荷(载荷以很快的速度作用于机件)下工作。试验表明，载荷速度增加，材料的塑性、韧性下降，脆性增加，易发生突然性破坏断裂。因此,这种情况使用的材料就不能用静载荷下的性能来衡量,而必须用抵抗冲击载荷的作用而不破坏的能力,即冲击韧性来衡量。

夏比冲击试验是在摆锤式冲击试验机(图4-1-6)上进行的。试验原理见图4-1-7所示,将标准试样放在冲击试验机的两支座上,使试样缺口背向摆锤冲击方向,然后把质量为 m 的摆锤提升到 H 高度,摆锤由此高度下落时将试样冲断,并升到 h 高度。因此冲断试样所消耗的功(冲击吸收功)为 $A_k = mg(H-h)$。金属的冲击韧性 a_k 就是冲断试样时在缺口处单位面积所消耗的功即:

$$a_k = \frac{A_k}{S} \qquad (4\text{-}1\text{-}5)$$

式中:a_k——冲击韧性,J/cm^2;

A_k——冲断试样所消耗的功,J;

S——试样缺口处原始截面积,cm^2。

冲击吸收功 A_k 值可从试验机的刻度盘上直接读出。

图4-1-6 冲击试验机

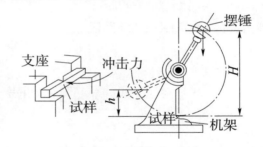
图4-1-7 冲击试验原理图

通常把冲击吸收功值较低的材料称为脆性材料,冲击吸收功值较高的材料称为韧性材料。

2. 疲劳

实际工作过程中,许多机器零件都是在循环载荷下工作的,如轴类、弹簧、齿轮、滚动轴承等。虽然零件所承受的交变应力数值小于材料的屈服强度,但在长时间运转后也会发生断裂,这种现象叫疲劳断裂。它与静载荷下的断裂不同,断裂前无明显塑性变形,因此具有更大的危险性。

疲劳失效过程可分为疲劳裂纹的产生、扩展和断裂三阶段,形成断口如图4-1-8所示。

研究疲劳问题时,需要测定疲劳曲线。交变应力大小和断裂循环周次之间的关系通常用疲劳曲线(σ-N曲线)来描述,如图4-1-9所示。曲线表明,当应力低于某一值时,即使循环次数无穷多也不发生断裂,此应力值称为疲劳强度或疲劳极限。光滑试样的对称弯曲疲劳极限用 σ_{-1} 表示。在疲劳强度的测定中,不可能把循环次数做到无穷大,而是规定一定的循环次数作为基数,超过这个基数就认为不再发生疲劳破坏。常用钢材的循环基数为 10^7,有色金属和某些超高强度钢的循环基数为 10^8。

图 4-1-8 疲劳断裂的宏观断口
A-疲劳源区;B-扩展区;C-终断区

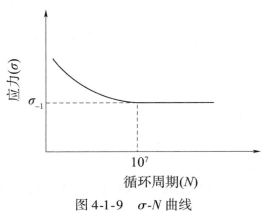

图 4-1-9 σ-N 曲线

课题二 碳素钢

金属材料通常分为黑色金属和有色金属两大类:

(1)黑色金属又称钢铁材料,包括含铁90%以上的工业纯铁,含碳2%~4%的铸铁,含碳小于2%的碳钢,以及各种用途的结构钢、不锈钢、耐热钢、高温合金、精密合金等。广义的黑色金属还包括铬、锰及其合金。

(2)有色金属又称非铁金属,指除铁、铬、锰以外的所有金属及其合金,通常分为轻金属、重金属、贵金属、半金属、稀有金属和稀土金属等。如铜、铝、镁及其合金。

钢在我国汽车工业中仍占主流地位。汽车用钢主要有结构钢、特殊用途钢、合金钢等,主要用于制造车架、车轴、车身、齿轮、罩板、外壳等零件。

一、钢的基础知识

(一)钢铁材料的生产

钢铁材料是机械工程材料中应用最为广泛的金属材料,它通过冶炼和轧制等生产方法获得。钢铁是铁和碳的合金。钢铁材料按碳的质量分数 ω_c（含碳量）进行分类,包括工业纯铁（$\omega_c < 0.0218\%$）、钢（$\omega_c = 0.0218\% \sim 2.11\%$）和生铁（$\omega_c > 2.11\%$）。

如图 4-2-1 为钢铁材料生产示意图。自然界中的铁矿石经高炉冶炼得到生铁,它是炼钢和铸造的原材料。经炼钢炉通过氧化作用降低生铁中的碳和杂质元素的含量就炼成钢水,然后铸成钢锭,经轧制成不同规格的钢材进行供应,少数钢锭经锻造形成锻件进行供应。

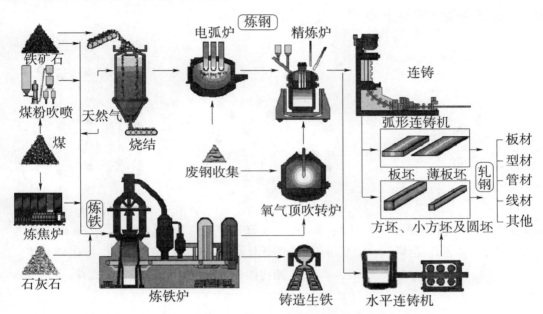

图 4-2-1　钢铁材料生产过程示意图

(二) 铁碳合金的基本组织

工业纯铁虽然塑性好,但强度低,所以很少用它制造机械零件。在工业上应用最广的是铁碳合金。所谓铁碳合金就是以铁为基体,有不同碳含量的合金。

铁碳合金中的 Fe 和 C 可形成铁素体（F）、奥氏体（A）、渗碳体三个基本相。这些基本相以机械混合物的形式结合还可形成珠光体（P）和莱氏体（Ld）。铁碳合金中这些基本组织性能各异,其数量、形态、分布直接决定了铁碳合金的性能。三个基本相晶体结构如图 4-2-2、图 4-2-3、图 4-2-4 所示。

(三) 碳的质量分数对铁碳合金组织、性能的影响

1. 碳的质量分数对力学性能的影响

碳的质量分数对钢的力学性能影响如图 4-2-5 所示。钢中碳的质量分数增

加,高硬度的 Fe_3C 增加,低硬度的 F 减少,故钢的硬度呈直线增加,而塑性、韧性不断下降。在亚共析钢中,随着碳的质量分数增加,强度高的 P 增加,强度低的 F 减少,因此强度随碳的质量分数的增加而升高。当碳的质量分数为 0.77% 时,钢的组织全部为 P,P 的组织越细密,则强度越高。但当碳的质量分数为 $0.77 < \omega_c < 0.9\%$ 时,由于强度很低的、少量的、一般未连成网状的 Fe_3C_{II} 沿晶界出现,所以合金的强度增加变慢;当 $\omega_c > 9\%$ 时,Fe_3C_{II} 数量增加且呈网状分布在晶界处,导致钢的强度明显下降。

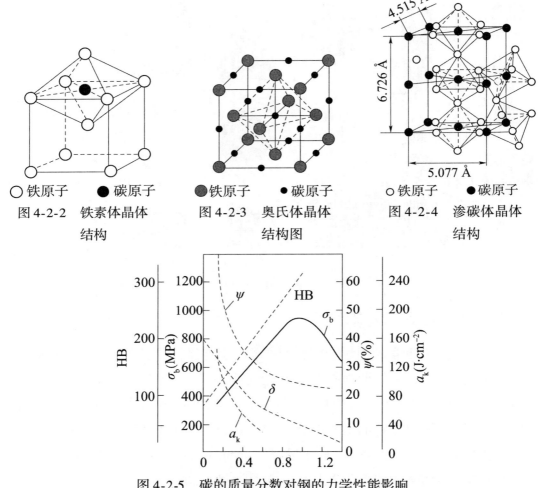

○铁原子　●碳原子
图 4-2-2　铁素体晶体结构

●铁原子　●碳原子
图 4-2-3　奥氏体晶体结构图

○铁原子　●碳原子
图 4-2-4　渗碳体晶体结构

图 4-2-5　碳的质量分数对钢的力学性能影响

2. 碳的质量分数对工艺性能的影响

1) 切削加工性

金属的切削加工性能是指其经切削加工成工件的难易程度。低碳钢中 F 较多,塑性好,切削加工时产生切削热大、易黏刀、不易断屑,表面粗糙度差,故切削加工性差。高碳钢中 Fe_3C 多,刀具磨损严重,故切削加工性也差。中碳钢中 F 和 Fe_3C 的比例适当,切削加工性较好。

2)可锻性

金属可锻性是指金属压力加工时,能改变形状而不产生裂纹的性能。当钢加热到高温得到单相 A 组织时,可锻性好。低碳钢中铁素体多可锻性好,随着碳的质量分数增加金属可锻性下降。奥氏体具有良好的塑性,易于塑性变形。钢加热到高温可获得单相奥氏体组织,具有良好的锻造性能,终锻温度不能过低,以免因温度过低而使塑性变差,产生裂纹。白口铸铁无论在低温或高温,其组织都是以硬而脆的渗碳体为基体,其锻造性能很差。

3)铸造性能

金属的铸造性包括金属的流动性、收缩性和偏析倾向等。流动性是指液态金属充满铸型的能力。在化学成分中,碳对流动性影响最大,随着含碳量的增加,钢的结晶温度范围增大,流动性应该变差。铸铁从浇注温度至室温的冷却过程中,其体积和线尺寸减小的现象称为收缩性。收缩是铸造合金本身的物理性质,使铸件产生缺陷,如缩孔、缩松、残余内应力、变形和裂纹。

4)可焊性

随着钢中的碳的质量分数增加,钢的塑性下降,可焊性下降。为了保证获得优质焊接接头,应优先选用低碳钢(碳的质量分数<0.25%的钢)。

二、碳素钢

碳素钢(简称碳钢)是指含碳量小于 2.11% 的铁碳合金。工业上应用的碳素钢碳含量一般不超过 1.4%。碳素钢的性能主要取决于含碳量,含碳量增加,钢的强度、硬度升高,塑性、韧性和可焊性降低。

(一)碳素钢分类

碳钢的分类主要有三种方法:

1. 按含碳量分类

低碳钢　　$\omega_c \leq 0.25\%$；

中碳钢　　$\omega_c = 0.25 \sim 0.6\%$；

高碳钢　　$\omega_c > 0.60\%$。

2. 按质量分类

主要根据有害杂质硫、磷在钢中的含量的多少来分类。

普通碳素钢　　$\omega_s \leq 0.05\%$，$\omega_p \leq 0.045\%$；

优质碳素钢　　ω_s、$\omega_p \leq 0.035\%$；

高级优质碳素钢　　$\omega_s \leq 0.02\%$，$\omega_p \leq 0.03\%$。

3. 按用途分类

碳素结构钢：主要用作各种工程构件、桥梁、建筑构件和机器零部件等，一般为中、低碳钢。

碳素工具钢：主要用于制作各种刃具、量具、模具，一般为高碳钢。

(二) 钢的牌号

1. 我国钢号表示方法

钢的牌号简称钢号，是对每一种具体钢产品所取的名称。我国的钢号表示方法，根据国家标准《钢铁产品牌号表示方法》(GB/T 221—2008)中规定，采用汉语拼音字母、化学元素符号和阿拉伯数字相结合的方法表示。

(1) 钢号中化学元素采用国际化学符号表示，例如 Si，Mn，Cr 等。混合稀土元素用"RE"表示。

(2) 产品名称、用途、冶炼和浇注方法等，一般采用汉语拼音的缩写字母表。

(3) 钢中主要化学元素含量(%)采用阿拉伯数字表示。

2. 我国钢号表示方法的分类说明

1) 碳素结构钢

(1) 由 Q + 数字 + 质量等级符号 + 脱氧方法符号组成。它的钢号冠以"Q"，代表钢材的屈服点，后面的数字表示屈服点数值，单位是 MPa。例如 Q235 表示屈服点(σ_s)为 235MPa 的碳素结构钢。

(2) 必要时钢号后面可标出表示质量等级和脱氧方法的符号。质量等级符号分别为 A、B、C、D。脱氧方法符号：F 表示沸腾钢；b 表示半镇静钢；Z 表示镇静钢；TZ 表示特殊镇静钢。镇静钢可不标符号，即 Z 和 TZ 都可不标，例如 Q235-AF 表示 A 级沸腾钢。

(3) 专门用途的碳素钢，例如桥梁钢、船用钢等，基本上采用碳素结构钢的表示方法，但在钢号最后附加表示用途的字母。

2) 优质碳素结构钢

(1) 钢号开头的两位数字表示钢的碳含量，以平均碳含量的万分之几表示，例如平均碳含量为 0.45% 的钢，钢号为"45"，它不是顺序号，所以不能读成 45 号钢。

(2) 锰含量较高的优质碳素结构钢,应将锰元素标出,例如 50Mn。

(3) 沸腾钢、半镇静钢及专门用途的优质碳素结构钢应在钢号最后特别标出,例如平均碳含量为 0.1% 的半镇静钢,其钢号为 10b。

3) 碳素工具钢

(1) 钢号冠以"T",以免与其他钢类相混。

(2) 钢号中的数字表示碳含量,以平均碳含量的千分之几表示。例如"T8"表示平均碳含量为 0.8%。

(3) 锰含量较高者,在钢号最后标出"Mn",例如"T8Mn"。

(4) 高级优质碳素工具钢的磷、硫含量,比一般优质碳素工具钢低,在钢号最后加注字母"A",以示区别,例如"T8MnA"。

(三) 碳素钢的性能及主要用途

1. 碳素结构钢

碳素结构钢主要制造各种工程构件(如桥梁、船舶、建筑用钢)和机器零件(如齿轮、轴、螺钉、螺母、曲轴、连杆等)。这类钢一般属于低碳和中碳钢,分普通碳素结构钢和优质碳素结构钢。

汽车上常用碳素结构钢见表 4-2-1。

汽车常用碳素结构钢的牌号、性能及用途　　　表 4-2-1

类别	钢号	抗拉强度 σ_b(MPa)	布氏硬度 HBS	工艺性	淬火硬度范围 HRC	汽车中应用举例
普通碳素钢	Q235A	235	—	焊接性好,切削加工性不好,良好的韧性和锻造性	—	车厢板件、制动器底板、拉杆、销、键、凸缘轴、螺钉等
优质碳素钢	08	327	131	焊接性好,切削加工性差,良好的韧性和冷冲性	—	驾驶室、油箱、离合器等
	15	372	143		56~62 (渗碳)	离合器分离杠杆、风扇叶片、驻车制动杆等
	35	529	187	切削加工性好	30~40 45~55	凸轮轴、曲轴、转向节主销等
	45	597	197			

2. 碳素工具钢

碳素工具钢是指用于制作刀具、模具和量具的碳素钢。这类钢的碳的质量分数为 $\omega_c = 0.65\% \sim 1.35\%$,按质量可分优质碳素工具钢与高级优质碳素工具钢两类。牌号后加"A"的属高级优质碳素工具钢。

T7、T8 钢多用于制造承受冲击负荷的工具,如凿子、锤子、冲头等。T9~T11 钢多用于制造要求中等韧性的工具,如形状简单的小冲模、手工锯条等。T12、T13 耐磨性最高,但韧性最低,所以多用于制造不受冲击负荷的量具、锉刀、刮刀等。高级优质碳素工具钢(T7A~T13A),由于其淬火时产生裂纹的倾向较小,因此多用于制造形状较为复杂的工具。

3. 易切削钢

易切削钢是易被(车、铣、拉、刨、钻等)切削加工的钢种,又叫自动机床加工用钢,简称自动钢,它是为适应机械加工自动化和流水作业线生产而产生的。其特点是碳、锰、硅成分均属一般碳素钢含量,但硫、磷的含量却高出数倍,如硫可高达 0.30%,磷高达 0.15%,由于硫、磷含量的增高,增加了钢的易切削性能,因此大大提高了机床的切削速度。

4. 铸造碳钢(简称铸钢)

铸造碳钢一般用于制造形状复杂、机械性能要求比铸铁高的零件,例如水压机横梁、轧钢机机架、重载大齿轮等,这种机件用锻造方法难以生产,用铸铁又无法满足性能要求,只能用碳钢采用铸造方法生产。铸造碳钢中碳的质量分数一般为 $\omega_c = 0.15\% \sim 0.60\%$。碳的质量分数过高则塑性差,易产生裂纹。

课题三 合金钢

碳素钢虽然能满足生产的一般需求,但是一些重要工作场合的零件,或有耐热、耐蚀、高磁性或无磁性、高耐磨性等特殊要求的零件,这时就无法满足需要。为了改善钢的性能,炼钢时有目的地加入一些合金元素所形成的钢称为合金钢。合金钢通过热处理能获得优良的力学性能及一些特殊的物理、化学性能。常加入的合金元素有:钛(Ti)、钒(V)、铌(Nb)、钨(W)、钼(Mo)、铬(Cr)、锰(Mn)、铝(Al)、钴(Co)、硅(Si)、硼(B)、氮(N)及稀土元素。

单元四 汽车用材料

一、合金钢的分类

合金钢的种类繁多,分类方法有多种,常见的分类方法有：

1. 按用途分类

(1) 合金结构钢,合金结构钢用于制造各种机械零件和工程结构件。

(2) 合金工具钢,合金工具钢用于制造各种工具。

(3) 特殊性能钢,特殊性能钢是指具有一些特殊物理或化学性能的钢,用来制造具有特殊性能的零件。

2. 按合金元素总含量分类

(1) 低合金钢,低合金钢的合金元素总含量 $\omega_{Me} < 5\%$。

(2) 中合金钢,中合金钢合金元素总含量 $\omega_{Me} = 5\% \sim 10\%$。

(3) 高合金钢,高合金钢合金元素总含量 $\omega_{Me} > 10\%$。

合金钢的分类、编号、常用热处理及应用见表4-3-1。

合金钢的分类、编号、常用热处理及应用举例 表4-3-1

钢种	分类		编号原则	钢种举例	常用热处理	应用举例
合金钢	合金结构钢	低合金结构钢	数字表示含碳量的万分数,化学元素符号表示主加元素,后面的数字表示所加元素的百分数	16Mn	—	桥梁
		渗碳钢		20Cr	渗碳后淬火、低温回火	活塞销
		调质钢		40Cr	调质	进气阀
		弹簧钢		55Si2Mn	淬火后中温回火	汽车板簧
		滚动轴承钢	G表示滚动轴承钢,数字表示含碳量的千分数	GCr15	淬火后低温回火	轴承内圈
		易切削结构钢	Y表示易切削结构钢,数字表示含碳量的万分数	Y30	调质	切削加工生产线

续上表

钢种	分类		编号原则	钢种举例	常用热处理	应用举例
合金钢	合金工具钢	刃具钢	数字表示含碳量的千分数,化学元素符号表示主加元素,后面的数字表示所加元素的百分数	9SiCr	淬火后低温回火	丝锥
			碳含量0.7~1.4%,主加碳化物形成元素W、Cr、V、Mo	W18Cr4V	高温淬火后三次回火	铣刀
		模具钢		Cr12	整体调质,表面氢化	冷冲模
			数字表示含碳量的千分数,化学元素符号表示主加元素,后面的数字表示所加元素的百分数	5CrMnMo	淬火后多次回火	热锻模
	特殊性能钢	不锈钢		1Cr18Ni9Ti	固溶处理	医疗器械
		耐热钢		1Cr11MoV	调质	锅炉吊钩
		耐磨钢		ZGMn13	水韧处理	挖掘机的铲斗

二、合金结构钢

1. 低合金高强度结构钢

低合金高强度结构钢是在碳素结构钢的基础上,加入少量的合金元素发展起来的,原称普通低合金钢。它是低碳结构钢,合金元素总量在3%以下,以Mn为主要元素。与碳素结构钢相比有较高强度,足够的塑性、韧性,良好的焊接工艺性能,较好的耐腐蚀性和低的冷脆转变温度。

为保证有良好的塑性和韧性,良好的焊接性能和冷成形性能,低合金高强度结构钢中碳的质量分数一般均较低,大多数为ω_c=0.16%~0.20%。

2. 合金渗碳钢

合金渗碳钢主要用来制造工作中承受较强烈的冲击作用和磨损条件下的渗

碳零件。例如汽车变速器齿轮、汽车后桥齿轮和内燃机里的凸轮轴、活塞销等。这类钢经渗碳、淬火和低温回火后表面具有高的硬度和耐磨性,心部具有较高的强度和足够韧性的零件。

合金渗碳钢中碳的质量分数一般在 $\omega_c = 0.10\% \sim 0.25\%$ 之间,以保证渗碳零件心部具有良好的塑性和韧性。碳素渗碳钢的淬透性低,热处理对心部的性能改变不大,加入合金元素可提高钢的淬透性,改善心部性能。常用的合金元素有铬、镍、锰和硼等,其中以镍的作用最好。渗碳后的钢种,表层碳的质量分数为 $0.85\% \sim 1.05\%$,经淬火和低温回火后,表层组织由合金渗碳体、回火马氏体及少量残余奥氏体组成,硬度可达 58~64HRC。

3. 合金调质钢

合金调质钢指调质处理后使用的合金结构钢,其基本性能是具有良好的综合力学性能。调质钢广泛用于制造汽车、拖拉机、机床和其他机器上如齿轮、轴类件、连杆、高强螺栓等重要零件。

合金调质钢碳的质量分数一般在 $\omega_c = 0.25\% \sim 0.50\%$ 之间。碳的质量分数过低不易淬硬,回火后达不到所需要的强度;如果碳的质量分数过高,则零件韧性较差。

4. 合金弹簧钢

弹簧是车辆和仪表及生活中的重要零件,主要在冲击、振动、周期性扭转和弯曲等交变应力下工作,弹簧工作时不允许产生塑性变形,因此要求制造弹簧的材料具有较高的强度。

合金弹簧钢的碳的质量分数一般为 $\omega_c = 0.5\% \sim 0.7\%$,碳的质量分数过高时,塑性和韧性差,疲劳强度下降。常加入以硅、锰为主的合金元素,提高钢的淬透性和强化铁素体。

5. 滚动轴承钢

滚动轴承钢是制造各种滚动轴承的滚珠、滚柱、滚针的专用钢,也可做其他用途,如形状复杂的工具、冷冲模具、精密量具以及要求硬度高、耐磨性高的结构零件。

三、合金工具钢

合金工具钢按用途分为合金刃具钢、合金模具钢、合金量具钢。

1. 合金刃具钢

刃具钢是用来制造各种切削刀具的钢,如车刀、铣刀、钻头等,合金工具钢需具备如下性能:高硬度、高耐磨性、高的红硬性(红硬性是指钢在高温下保持高硬度的能力)、一定的韧性和塑性。

2. 合金模具钢

根据工作条件的不同,模具钢又可分为冷作模具钢和热作模具钢。

冷作模具钢用于制造在室温下使金属变形的模具,热作模具钢是用来制作加热的固态金属或液态金属在压力下形成的模具。

3. 合金量具钢

量具钢是用于制造游标卡尺、千分尺、量块、塞规等测量工件尺寸的工具用钢。

量具在使用过程中与工件接触,受到磨损与碰撞,因此要求工作部分应有高硬度(58~64HRC)、高耐磨性,高的尺寸稳定性和足够的韧性。合金工具钢常用的牌号有9Mn2V、CrWMn以及GCrl5钢。

课题四 铸 铁

含碳量大于2.11%的铁碳合金称为铸铁。铸铁与钢的主要区别是铸铁的含碳硅量较高,杂质元素S、P含量较多,在加工手段上铸铁制成零件毛坯只能用铸造方法,不能用锻造或轧制方法。

铸铁的机械性能(抗拉强度、塑性、韧性)较低,但是由于铸铁具有优良的铸造性能、可切削加工性、耐磨性、吸振性,及生产工艺简单、成本低廉等特点,在生产中被广泛地应用。

图4-4-1 汽缸体

在汽车上,重量约为50%~70%的金属材料为铸铁。如:汽缸体、变速箱体、后桥壳、曲轴等。随着科技的发展,新型铸铁的不断出现,为铸铁应用开辟更广泛的前景,目前有些零部件(曲轴、齿轮),形成了以铁代钢的趋势。如图4-4-1所示的为铸铁材料的汽缸体。

一、铸铁的特点和分类

1. 铸铁的特点

1) 成分与组织的特点

铸铁与碳钢相比较,除了有较高的碳、硅含量外,还有较高含量的杂质硫和磷。由于铸铁中的碳主要是以石墨的形态存在,所以铸铁的组织是由金属基体和石墨所组成的。

2)铸铁的性能特点

铸铁的机械性能主要取决于铸铁基体组织以及石墨的数量、形状、大小及分布特点。石墨机械性能很低,硬度仅为3HB~5HB,抗拉强度为20MPa,延伸率接近零。一般说来,石墨的数量越少、分布越分散、形状越接近球形,则铸铁的强度、塑性和韧性越高。

2. 铸铁的分类

根据铸铁中的碳在结晶过程中的析出状态以及凝固后断面颜色的不同,铸铁可分为以下几类:

1)白口铸铁

凝固后断口呈现白亮色,除少量溶于铁素体外,碳的主要存在形式是化合物渗碳体,没有石墨,因此白口铸铁硬度高,性脆,工业上很少应用,例如农业上用的犁,除此之外多作为炼钢用的原料和生产可锻铸铁,作为炼钢原料时,通常称它为生铁。

2)灰铸铁

凝固后断口呈现黑灰色,碳绝大部分以游离态的片状石墨形式存在,根据石墨片的粗细不同,又可把灰口铸铁分为普通灰口铸铁和孕育铸铁两类。

3)球墨铸铁

铁液浇注前经过球化处理,碳大部分或全部以球状石墨形态存在。

4)蠕墨铸铁

铁液浇注前经过蠕化处理,碳以介于片状石墨和球状石墨之间的蠕虫形态存在。

5)可锻铸铁

其由白口铸铁经石墨化退火后制成,碳大部分或全部以团絮状形态存在。

6)特殊性能铸铁

为了改善铸铁的某些特殊性能如耐磨、耐热和耐蚀等,而加入一定的合金元素 Cr、Ni、Mo、Si,所以又把这类铸铁叫合金铸铁。

二、灰铸铁

灰铸铁是指石墨呈片状分布的灰口铸铁,其产量约占铸铁总产量的80%以上。

在生产中,为浇注出合格的灰铸铁件,一般应根据所生产的铸铁牌号、铸铁壁厚、造型材料等因素来调节铸铁的化学成分,这是控制铸铁组织的基本方法。

灰铸铁的成分大致范围为:$\omega_C = 2.5\% \sim 4.0\%$,$\omega_{Si} = 1.0\% \sim 3.0\%$,$\omega_{Mn} = 0.25\% \sim 1.0\%$,$\omega_S = 0.02\% \sim 0.20\%$,$\omega_P = 0.05\% \sim 0.50\%$。具有上述成分范围的液体铁液在进行缓慢冷却凝固时,将发生石墨化,析出片状石墨。其断口的外貌呈灰色,所以称为灰铸铁。

普通灰铸铁的组织是由片状石墨和钢的基体两部分组成的。根据不同阶段石墨化程度的不同金属基体可分为铁素体、铁素体+珠光体和珠光体三种,相应地便有三种不同基体组织的灰铸铁,它们的显微组织如图4-4-2、图4-4-3、图4-4-4所示。

图4-4-2 铁素体灰铸铁

图4-4-3 铁素体加珠光体灰铸铁

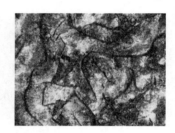

图4-4-4 珠光体灰铸铁

三、球墨铸铁

球墨铸铁是一种高强度铸铁材料,其综合性能接近于钢,用于铸造一些受力复杂,强度、韧性、耐磨性要求较高的零件。球墨铸铁已迅速发展为仅次于灰铸铁的、应用十分广泛的铸铁材料。所谓"以铁代钢",主要指球墨铸铁。

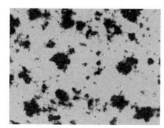

图4-4-5 团絮状石墨在可铁中的分布

四、可锻铸铁

可锻铸铁是由白口铸铁经长时间石墨化退火而获得的一种高强度铸铁。

白口铸铁中的游离渗碳体在退火过程中分解出团絮状石墨,如图4-4-5所示,由于团絮状石墨对铸铁金属基体的割裂和引起的应力集中作用比灰铸铁小得多,与灰铸铁相比,可锻铸铁的强度(碳钢的40%~70%)和韧性有明显提高,并且有一定的塑性变形能力,因而称为可锻铸铁(又称为马口铸铁)。

五、蠕墨铸铁

蠕墨铸铁是液态铁水经蠕化处理和孕育处理得到的,因其石墨很像蠕虫而命名。蠕墨铸铁的石墨具有介于片状石墨和球状石墨之间的中间形态,在光学显微镜下为互不相连的短片,与灰口铸铁的片状石墨类似。所不同的是,其石墨片的长厚比较小,端部较圆(形似蠕虫),所以可以认为,蠕虫状石墨是一种过渡型石墨。

蠕墨铸铁的力学性能介于相同基体组织的灰铸铁和球墨铸铁之间,它的抗拉强度、屈服点、伸长率、疲劳强度均优于灰铸铁,接近于铁素体球墨铸铁;而铸造性能、减震能力、导热性、切削加工性均优于球墨铸铁,与灰铸铁相近。

六、特殊性能铸铁

工业上除了要求铸铁有一定的力学性能外,有时还要求它具有较高的耐磨性以及耐热性、耐蚀性。为此,在普通铸铁的基础上加入一定量的合金元素,制成特殊性能铸铁,主要包括耐磨铸铁、耐热铸铁和耐蚀铸铁。

课题五 有色金属

有色金属又称非铁金属,是铁、锰、铬以外的所有金属的统称。广义的有色金属还包括有色合金。有色合金是以一种有色金属为基体(通常大于50%),加入一种或几种其他元素而构成的合金。有色金属可分为重金属(如铜、铅、锌)、轻金属(如铝、镁)、贵金属(如金、银、铂)及稀有金属(如钨、钼、锗、锂、镧、铀)。在汽车制造行业,采用铝、镁、钛等轻金属替代钢铁材料减轻自重,是轿车轻量化的一个重要手段。

一、铝及铝合金

铝是强度低、塑性好的金属,除应用部分纯铝外,为了提高强度或综合性能,配成合金。铝中加入一种合金元素,就能使其组织结构和性能发生改变,适宜作各种加工材或铸造零件。经常加入的合金元素有铜、镁、锌、硅、锰等。

(一) 铝及铝合金的分类

1. 变形铝合金

强度较高、比强度大且适宜于塑性成形的铝合金。

变形铝合金又分为:①工业纯铝;②热处理不可强化的铝合金;③热处理可强化的铝合金。

2. 铸造铝合金

适于熔融状态下充填铸型获得一定形状和尺寸铸件毛坯的铝合金。

铸造铝合金分为:①铝硅系合金;②铝铜合金;③铝镁合金;④铝锌系合金。

(二) 铝合金

为了提高铝的力学性能,在纯铝中加入硅、铜、镁、锌、锰等合金元素配制成铝合金。铝合金不仅保持纯铝的熔点低、密度小、导热性良好、耐大气腐蚀以及良好的塑性、韧性和低温性能,具有较高的强度,并且还可用变形或热处理方法,进一步提高其强度。某些铝合金强度可达 400~600MPa,故质量相同的零件采用铝合金制造时,可以得到最大的刚度。

1. 变形铝合金

变形铝合金可由冶金厂加工成各种型材(板、带、管等)产品供应。按其主要性能特点分为防锈铝合金、硬铝合金、超硬铝合金和锻造铝合金。

2. 铸造铝合金

铸造铝合金与变形铝合金相比其力学性能较差,但铸造性能好,可进行各种铸造,以制造形状复杂的零件。铸造铝合金主要有铝—硅系、铝—铜系、铝—镁系和铝—锌系。其中铝—硅系应用最为广泛。铸造铝合金的代号用"ZL"加三位数字表示,其中"ZL"表示"铸铝",第一位数字表示合金类别,1 为铝—硅系、2 为铝—铜系,3 为铝—镁系,4 为铝—锌系;第二、三数字表示合金顺序号,序号不同化学成分不同。铸造铝合金的牌号用"Z + Al + 主要合金元素化学符号以及其含量质量分数"表示,若为优质在后面加符号"A"。

二、铜及铜合金

铜也是人类发现最早并使用的金属之一,是人类广泛使用的一种金属,属于重金属。铜及其合金在电气工业、仪表工业、造船工业及机械制造工业部门中获得了广泛应用。在汽车工业所用有色金属材料中,铜合金用量仅次于铝合金。汽车上各类热交换器、散热器、耐磨减摩零件、电器元件、油管等,均选用了铜合金材料。

(一)铜及铜合金的分类

1. 纯铜(工业纯铜)

纯铜呈紫红色,又称紫铜。具有优良的导电性、导热性、延展性和耐蚀性。

2. 铜合金

常用的铜合金分为黄铜、青铜、白铜3大类。

铜合金以纯铜为基体加入一种或几种其他元素所构成的合金。主要用于制作发电机、母线、电缆、开关装置、变压器等电工器材和热交换器、管道、太阳能加热装置的平板集热器等导热器材。

(二)黄铜

黄铜是以锌为主要合金元素的铜锌合金。黄铜具有优良的力学性能,易于加工成形,并对大气有相当好的耐蚀性,且色泽美观。黄铜常被用于制造阀门、水管、空调内外机连接管和散热器等。图4-5-1所示的为黄铜材料。

黄铜牌号是以字母H为首(H为"黄"的汉语拼音第一个大写字母),其后注明含铜量的百分数。常用黄铜的分类、牌号、成分、性能和用途见表4-5-1。

图4-5-1 黄铜

常用黄铜的分类、牌号、成分、性能和用途   表4-5-1

类别	牌号	化学成分(%)		力学性能			应用举例
		Cu	其他	σ_b(MPa)	%	HB	
普通黄铜	H80	79~81	Zn	270	50	145	色泽美观、有金色黄铜之称,用于镀层及装饰品
	H70	69~72	Zn	660	3	150	多用于制造弹壳,有弹壳黄铜之称
	H62	61~63	Zn	500	3	164	价格较低,多用于散热器、垫片、各种金属网和螺钉等

续上表

类别	牌号	化学成分(%)		力学性能			应用举例
		Cu	其他	σ_b(MPa)	%	HB	
特殊黄铜	铅黄铜 HPb59-1	57~60	Pb0.8~0.9 其余为Zn	650	16	140	切削加工性能良好,故又称切削黄铜
	铝黄铜 HAl59-3-2	57~60	Al2.5~3.5 Ni2.0~3.0 其余为Zn	650	15	150	用于制作在常温下要求抗蚀性较高的零件
	锰黄铜 HMn58-2	57~60	Mn1.0~2.0 其余为Zn	700	10	160	海轮制造业和弱电工业用的零件

图4-5-2 青铜器

(三) 青铜

青铜是金属冶铸史上最早的合金,在纯铜中加入锡或铅的合金,有特殊重要性和历史意义。青铜发明后,立刻盛行起来,从此人类历史也就进入新的阶段—青铜时代。图4-5-2所示的为部分青铜器。

三、钛及钛合金

钛及钛合金具有质量轻、比强度高、良好的耐蚀性。钛及钛合金还有很高的耐热性,实际应用的热强钛合金工作温度可达400℃~500℃,因而钛及其合金已成为航空、航天、机械工程、化工、冶金工业中不可缺少的材料。但由于钛在高温中异常活泼,熔点高,熔炼、浇注工艺复杂且价格昂贵,成本较高,因此使用受到一定限制。

钛合金具有以下几方面特点:

1. 比强度高

钛合金的强度较高,一般可达1200MPa,和调质结构钢相近。但钛合金的密度仅相当钢的54%,因此,钛合金具有比各种合金都高的比强度,这正是钛合金适用于作航空材料的主要原因。

2. 热强度高

由于钛的熔点高,再结晶温度也高,因而钛合金具有较高的热强度。目前,钛合金已正式在500℃下长期工作,并向600℃的温度发展,它的耐热性能可以和一般的耐热钢相媲美。

3. 抗蚀性高

由于钛合金表面能形成一层致密、牢固的由氧化物和氮化物组成的保护膜,所以具有很好的抗蚀性能,其抗蚀性相当于或超过不锈钢。

四、滑动轴承合金

滑动轴承合金是制造轴承用的合金的总称。对轴承材料,要求与轴表面的摩擦系数小,轴颈的磨损少,而能承受足够大的比压。滑动轴承合金是用于制造滑动轴承(轴瓦)的材料,通常附着于轴承座壳内,起减摩作用,又称轴瓦合金。

滑动轴承是由轴承体和轴瓦两部分构成的,如图4-5-3所示是汽车发动机连杆滑动轴承。轴瓦可以直接由耐磨合金制成,也可以在钢基上浇注(或轧制)一层耐磨合金内衬。凡是用来制造轴瓦及其内衬的合金,统称轴承合金。

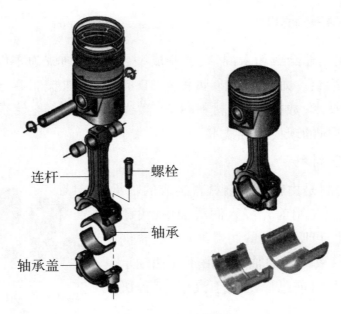

图4-5-3 滑动轴承

当轴承支撑着轴进行工作时,由于轴的旋转,使轴和轴瓦之间产生强烈的摩擦,因轴价格较贵,更换困难,为了减少轴承对轴颈的磨损,确保机器的正常运转,轴承合金应具有以下性能:

(1) 具有足够的强度和硬度,以承受较高的周期性载荷;

(2) 塑性和韧性好。以保证轴承与轴的配合良好,并耐冲击和振动;

(3) 与轴之间有良好的磨合能力及较小的摩擦系数,并能保留润滑油,减少磨损;

(4) 有良好的导热性和抗蚀性;

(5) 有良好的工艺性,容易制造且价格低廉。

为了满足上述要求,理想的轴承合金的组织应该是在软的基体上分布着硬的质点,当轴工作时,软的基体很快磨凹下去,而硬的质点凸出于基体上,支撑着轴所施加的压力,减小轴与轴瓦的接触面,且凹下去的基体可以储存润滑油,从而减小轴与轴颈间的摩擦系数,同时偶然进入外来硬物也被压入软基体中,不至于擦伤轴,软的基体还能承受冲击与振动并使轴与轴瓦很好地磨合,属于这类组织的有锡基和铅基轴承合金。如图 4-5-4 所示。

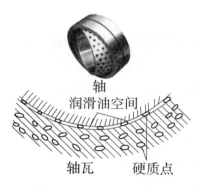

图 4-5-4　轴承理想表面示意图

五、粉末冶金材料

将几种金属或非金属粉末混匀,压制成型,然后烧结成为零件或材料的生产方法,称为粉末冶金。尤其现代金属粉末 3D 打印,集机械工程、CAD、逆向工程技术、分层制造技术、数控技术、材料科学、激光技术于一身,使得粉末冶金制品技术成为跨多学科的现代综合技术。

1. 含油轴承材料

含油轴承材料是由粉末冶金材料制成的轴承,如图 4-5-5 所示。使用前先浸入润滑油中,由于粉末冶金的多孔性,可吸附大量润滑油(一般含油率为 12%~30%),故称含油轴承。由于含油轴承具有自动润滑作用,目前已广泛用于汽车、工程机械和电动机中。

图 4-5-5　粉末冶金含油轴承

2. 粉末冶金摩擦材料

粉末冶金摩擦材料是具有高摩擦系数和高耐磨性能的金属和非金属复合材料。根据基体材料不同分为铜基摩擦材料和铁基摩擦材料两类。铜基摩擦材料常用于汽车、工程机械的离合器和制动器等。在湿摩擦条件下工作,摩擦系数为 0.1~0.12,摩擦表面温度不超过 70℃~80℃。图 4-5-6 所示为离合器摩擦片。

铁基摩擦材料多用各种高速重载机器的制动器,如载重汽车、大型工程机械,也可用作汽车和工程机械的干式离合器。在干摩擦条件下工作,摩擦表面温度可达 1000℃,摩擦系数为 0.35~0.45。图 4-5-7 所示为制动器摩擦片。

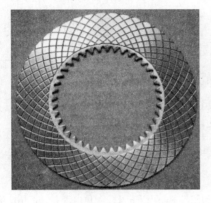
图 4-5-6 离合器摩擦片(铜基)

图 4-5-7 制动器摩擦片(铁基)

课题六 典型金属材料的汽车零件

为了提高汽车的安全性和可靠性,人们需要从设计上、制造上特别是材料方面考虑。制造汽车所用的材料,由于节省能源、节省资源、轻量化的需要而有所变化。

一、汽车零件选材原则

1. 汽车零件选材的最主要依据

指的是零件在使用时所应具备的材料性能,包括机械性能、物理性能和化学性能。对大多数零件而言,机械性能是主要的必能指标,表征机械性能的参数主要有强度极限 σ_b、弹性极限 σ_e、屈服强度 σ_s 或 $\sigma_{0.2}$、伸长率 δ、断面收缩率 ψ、冲击韧性 a_k 及硬度 HRC 或 HBS 等。这些参数中强度是机械性能的主要性能指标,只有在强度满足要求的情况下,才能保证零件正常工作,且经久耐用。

2. 材料的工艺性能

材料的加工工艺性能主要有：铸造、压力加工、切削加工、热处理和焊接等性能。其加工工艺性能的好坏直接影响到零件的质量、生产效率及成本。所以，材料的工艺性能也是选材的重要依据之一。

(1) 铸造性能。一般是指熔点低、结晶温度范围小的合金才具有良好的铸造性能。如：合金中共晶成分铸造性最好。

(2) 压力加工性能。是指钢材承受冷热变形的能力。冷变形性能好的标志是成型性良好、加工表面质量高，不易产生裂纹；而热变形性能好的标志是接受热变形的能力好，抗氧化性高，可变形的温度范围大及热脆倾向小等。

(3) 切削加工性能。刀具的磨损、动力消耗及零件表面光洁度等是评定金属材料切削加工性能好坏的标志，也是合理选择材料的重要依据之一。

(4) 可焊性。衡量材料焊接性能的优劣是以焊缝区强度不低于基体金属和不产生裂纹为标志。

(5) 热处理。是指钢材在热处理过程中所表现的行为。如过热倾向、淬透性、回火脆性、氧化脱碳倾向以及变形开裂倾向等来衡量热处理工艺性能的优劣。

总之，良好的加工工艺性可以大减少加工过程的动力、材料消耗、缩短加工周期及降废品率等，优良的加工工艺性能是降低产品成本的重要途径。

3. 材料的经济性能

在满足零件使用性能和质量的前提下，应注意材料的经济性。每台机器产品成本的高低是劳动生产率和重要标志。

4. 环境与资源原则

环境与资源原则必须贯穿汽车零件的材料生产、使用、废弃的全过程。主要包括：

(1) 减少材料使用量、延长零件寿命、材料再利用。

(2) 环境污染小废气排放少材料回收及降解。

二、典型的汽车零件选材

一辆汽车大约有三万个零件，用材以金属为主，下面主要总结典型汽车零件的金属用材。

（一）发动机典型零件的选材（表4-6-1）

发动机典型零件的选材　　　　　表4-6-1

零件名称	外　形　图	材料及优点
1.汽缸体		材料名称：HT200 优点： (1)强度、刚度、尺寸稳定性好； (2)灰口铸铁的铸造工艺成熟； (3)制造成本低
		材料名称：ZL104 优点： (1)强度、刚度、尺寸稳定性好； (2)铝合金的重量轻； (3)铝合金的耐腐蚀性好。 缺点：制造成本较高
2.汽缸盖		材料名称：HT250 优点： (1)强度、刚度、尺寸稳定性好； (2)铸造工艺成熟； (3)制造成本低
		材料名称：ZL104 优点： (1)铝合金导热性好，有利于提高压缩比； (2)铝合金的重量轻； (3)铝合金的耐腐蚀性好。 缺点：对缸盖的冷却强度要求较高

续上表

零件名称	外 形 图	材料及优点
3. 曲轴		材料名称：球墨铸铁 QT600-2 优点： (1) 刚度、强度、耐磨性、抗疲劳性各指标都好； (2) 加工工艺性能好。 注意：大型发动机的曲轴通常用锻钢件 38CrMoAlA
4. 活塞	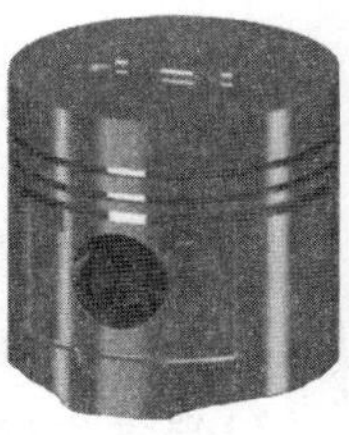	材料名称：高硅铝合金 MS-FC-388、ZL109G 优点： (1) 高温下具有足够高的机械强度； (2) 耐磨且摩擦系数小； (3) 不易产生黏着，容易磨合
5. 连杆		材料名称：调质钢 45、40Cr、40MnB 优点： (1) 高具有足够高的机械强度； (2) 高抗疲劳性； (3) 冲击韧性好
6. 气门		材料名称：高铬耐热钢 4Cr10Si2Mo、4Cr14Ni14W2Mo 优点： (1) 高耐热性； (2) 高耐磨性； (3) 高耐蚀性

续上表

零件名称	外 形 图	材料及优点
7.活塞销		材料名称：渗碳钢 18CrMnTi、12Cr2Ni4 优点： (1)强度好； (2)冲击韧性好； (3)耐磨性好
8.气门弹簧		材料名称：弹簧钢 65Mn、50CrVA 优点： (1)抗疲劳性好； (2)机械强度好
9.缸套及气门座		材料名称：铬钼铜铸铁、高硼铜铸铁 优点： (1)耐磨性好； (2)耐热性好
10.轴瓦		材料名称：轴承合金(高锡铝基) 优点： (1)耐磨性好； (2)高抗疲劳性
11.节流阀		材料名称：锌合金 优点： (1)有一定的机械强度； (2)加工性好，一次铸造成型

续上表

零件名称	外 形 图	材料及优点
12. 散热器		材料名称：铜或铝 优点： (1) 具有良好的导热性能； (2) 具有一定的强度和较强的耐腐蚀性； (3) 良好的加工性能及钎焊性能
13. 凸轮轴		材料名称：合金铸铁 优点： (1) 抗疲劳性好； (2) 耐磨性好； (3) 机械强度好
14. 油底壳		材料名称：钢板 Q235、08、20 优点： (1) 具有较好的散热性能； (2) 具有一定的强度

（二）底盘典型零件的选材（表4-6-2）

底盘典型零件的选材　　　　表4-6-2

零件名称	外 形 图	材料及优点
1. 变速箱壳		材料名称：灰口铸铁 HT200 优点： (1) 具有一定强度、刚度； (2) 尺寸稳定性好； (3) 制造成本低； (4) 加工性能好

续上表

零件名称	外 形 图	材料及优点
2.齿轮		材料名称：渗碳钢 20CrMnTi、30CrMnTi、20MnTiB 优点： (1)强度好； (2)耐磨性好； (3)接触疲劳抗力强； (4)断裂抗力大
3.转向节臂	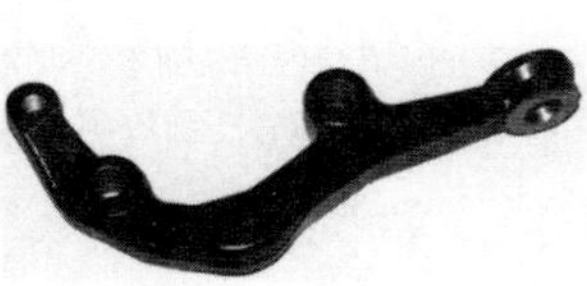	材料名称：调质钢45、40Cr、40MnB 优点： (1)强度好； (2)韧性好； (3)抗疲劳性好； (4)断裂抗力大
4.大梁		材料名称：16Mn 优点： (1)强度大； (2)刚度好； (3)韧性好
5.半轴	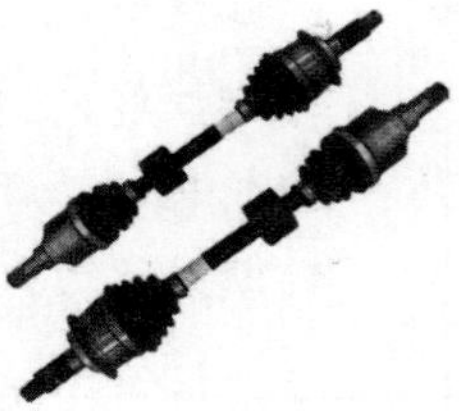	材料名称：40MnB、40CrMnMo、20CrMnTi 优点： (1)强度大； (2)抗疲劳性强； (3)韧性好
6.后桥壳		材料名称：可锻铸铁KT350-10、球墨铸铁QT400-10 优点： (1)具有一定强度； (2)具有足够的刚度； (3)尺寸稳定性好； (4)一次铸造成型,加工性能好

续上表

零件名称	外 形 图	材料及优点
7. 钢板弹簧		材料名称：弹簧钢 65Mn、60Si2Mn、50CrMn、55SiMnVB 优点： (1) 耐疲劳； (2) 抵抗冲击能力强； (3) 耐腐蚀
8. 制动盘		材料名称：陶瓷基摩擦材料 Si_3N_4、Al_2O_3、AlN 或合金铸铁 优点： (1) 耐疲劳； (2) 抵抗冲击能力强； (3) 耐摩擦能力强； (4) 耐高温，散热性能好
9. 前桥		材料名称：调质钢 45 优点： (1) 强度好； (2) 韧性好； (3) 抗疲劳性好； (4) 断裂抗力大
10. 钢圈		材料名称：45 钢或镁铝合金 优点： (1) 强度好； (2) 韧性好； (3) 抗疲劳性好

(三)车身典型零件的选材(表4-6-3)

车身典型零件的选材　　　　　　　　　表4-6-3

零件名称	外 形 图	材料及优点
1. 车身覆盖件	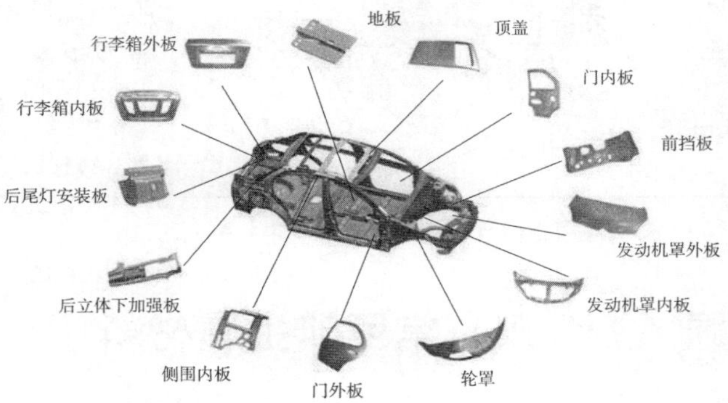 行李箱外板、地板、顶盖、行李箱内板、门内板、后尾灯安装板、前挡板、发动机罩外板、后立体下加强板、发动机罩内板、侧围内板、门外板、轮罩	材料名称:08F钢 优点: (1)具有一定的强度; (2)具有一定的韧性; (3)易冲压成型加工
2. 车身承力构件	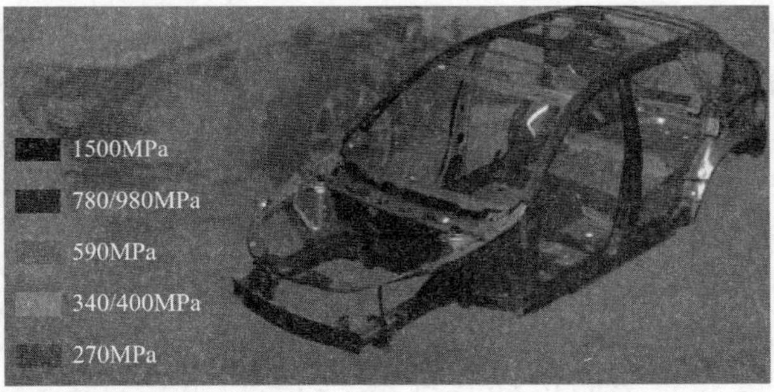 1500MPa / 780/980MPa / 590MPa / 340/400MPa / 270MPa	材料名称:高强度钢 优点: (1)提供了足够的强度; (2)极端状态下确保了车身安全生存空间
3. 防撞钢梁	 防撞钢梁	材料名称:超高强度特种钢 优点:超强的机械性能

续上表

零件名称	外 形 图	材料及优点
4. 新型车身	 铝板 铸铝 铝型材 热成型钢 冷成型钢	材料名称：钢、铝 优点： （1）车身构件大量采用了铝合金，减轻了自身重量； （2）足够的车身强度，确保了安全需求

课题七　汽车常用非金属材料

在制造汽车的过程中，除大量使用金属材料外，还大量使用非金属材料，如轮胎、传动带、风窗玻璃、后视镜玻璃、制动摩擦片、保险杠、转向盘、仪表板壳、连接软管、火花塞、温度传感器等都是用非金属材料制成的。非金属材料以其优良的性能，原料来源丰富，加工简便，而被广泛使用。非金属材料的种类很多，本部分主要介绍橡胶、玻璃、摩擦材料、塑料、陶瓷材料等非金属材料的基本知识及其在汽车上的应用。

一、橡胶

橡胶是取自橡胶树、橡胶草等植物的胶乳，加工后制成的具有弹性、绝缘性、不透水和空气的材料。橡胶是一种有机高分子弹性化合物。汽车上有许多零部件都是用橡胶制成的，如轮胎、风扇传动带、缓冲垫、油封、制动皮碗、门窗密封胶带、各种胶管等。

1. 轮胎（图 4-7-1）

大多数汽车轮胎材料的主要成分是天然橡胶或者合成橡胶，天然橡胶的综合性能优越，所以高级轮胎多用天然橡胶。为了使橡胶具有制造轮胎所要求的性能，必须要在橡胶中渗入各不同的化学材料，即化学添加剂。其中添加的一种很重要的添加剂叫炭黑，因为碳具有特别的吸附性，碳粒子与橡胶分子的黏结非常好，使得橡胶增强了硬度，强度和耐磨性。

2. 发动机同步带（图4-7-2）

同步带用于带动曲轴凸轮同步运转。同金属链条相比，同步带可以有效降低带与链轮的接触噪声，也不需要润滑，而且具有轻量化的特点。由于其柔韧性，也可适用于多轴驱动。

图4-7-1　轮胎　　图4-7-2　发动机同步带

3. 密封件和垫片（图4-7-3）

密封系统主要用于阻止液体或其他材料泄露。有时用金属、塑料或织物制造密封件，但更多的是使用橡胶。当发动机和传动系统使用石油系列润滑油时，密封材料一般选用丁（NBR）、丙烯酸酯橡胶（ACM）、硅橡胶（VMQ）或氟橡胶（FPM）。

图4-7-3　密封件和垫片

4. 胶管

1）冷却系统和进气系统胶管

冷却系统胶管（图4-7-4）和进气系统胶管（图4-7-5）现在广泛使用ACM和AEM。冷却系统胶管和进气管必须具有良好的屈挠性、耐候性、减震性、耐真空塌陷性和耐油性。

图4-7-4　冷却系统胶管　　图4-7-5　进气系统胶管

2)燃油系统胶管(图4-7-6)

在燃油喷射系统中,油泵和喷油阀之间的高压胶管、调压器和油箱之间的低压胶管。高压胶管的内层胶采用FPM,因为它具有低的汽油渗透性,良好的耐氧化汽油性和优异的耐热性;低压胶管的内层胶用FPM或HNBR。

5. 空调系统用橡胶制品(图4-7-7)

制冷剂R134a要求使用更好的材料,使用的胶管为PA与EPDM共混胶,IIR和EPDM或改性PA共混胶,IIR和氯化IIR(CIIR)三层胶管。

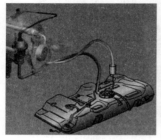
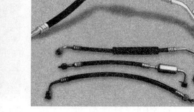

图4-7-6 燃油系统胶管　　图4-7-7 空调系统用橡胶管

汽车工业对各种零部件提出了越来越高的要求,具有耐热、使用寿命长、低渗透性、高耐磨性的特种橡胶在汽车行业将获得日益广泛的应用。

二、玻璃

玻璃在常温下是一种透明的固体,在熔融时形成连续网络结构,冷却过程中黏度逐渐增大并硬化而不结晶的硅酸盐类非金属材料。玻璃是构成汽车外形的重要材料之一,它具有刚度高、透光性好、隔音及保温效果好等优点。为保证驾驶员有良好的可见性,已经经历了由平板型向曲面型、普通型向强化型、全钢化向局部钢化、钢化玻璃向夹层玻璃、三层夹层向多层夹层、功能化玻璃等发展的过程。

1. 特殊夹层玻璃

如果在夹层中添加不同的物质,还可以在夹层玻璃(图4-7-8)的基础上,增加更多特殊的功能。

1)防弹玻璃(图4-7-9)

防弹玻璃是由玻璃和优质工程塑料经特殊加工得到的一种复合型材料,它通常是透明的材料,通常包括聚碳酸酯纤维层夹在普通玻璃层之中。不仅能有效地防止枪

图4-7-8 夹层玻璃

弹射击,而且还具有抗浪涌冲击、抗爆、抗震和撞击后也不出现裂纹等性能。

2) 电热玻璃(图4-7-10)

在两层玻璃与PVB薄膜结合时,中间夹入极细的钨丝,通电后钨丝热,可将玻璃表面的水分蒸发。这种玻璃主要用于冬天防止风窗玻璃上结冰、结霜及阴雨潮湿地区结雾。

图4-7-9　防弹玻璃

图4-7-10　电热玻璃

3) 天线夹层玻璃

在玻璃夹层中夹有很细的康铜丝,用以代替拉杆天线,即可避免天线杆拉进拉出的麻烦,又不致发生腐蚀。天线夹层玻璃的天线主要用于电视、AM 和 FM 收音机以及电话和导航用。

4) 遮阳夹层玻璃(图4-7-11)

在前风窗玻璃上方夹层上一层彩色膜片,由深而浅,在某种程度上起遮阳作用。

2. 单面透视玻璃(图4-7-12)

在普通玻璃上用真空涂抹法加上一层金属铬、铝或铱的薄膜制成。这种玻璃可把投射来的光线大部分反射回去,人坐在汽车里可清晰地看到外面,但车外的人却无法看见车内的一切。

图4-7-11　遮阳夹层玻璃

图4-7-12　单面透视玻璃

3. 憎水玻璃(图4-7-13)

在普通玻璃上涂了一层硅有机氟树脂薄膜,它不沾雨水,当汽车以50~

60km/h 的速度行驶时,玻璃表面的雨滴便会飞溅开来,不使用雨刷即可保持较好的可见度。因此,汽车前风窗玻璃采用这种玻璃,就可省去刮水器。

4. 清污玻璃

近年来,世界上清污玻璃的研究开发引人注目,其原理是利用 TiO_2 触媒进行作用。在汽车玻璃表面涂敷 TiO_2 薄膜,通过太阳光(紫外线)激发,TiO_2 中产生电子和电子空穴,使水和氧通过,将玻璃表面上附着的有机污垢分解,从而省去了人们清洁汽车玻璃这种经常性的劳动。

5. 太阳能天窗玻璃(图 4-7-14)

在玻璃上加入太阳能电池组件,当太阳光照射在太阳能电池组件上时,产生电能为车辆提供能源。

图 4-7-13　憎水玻璃

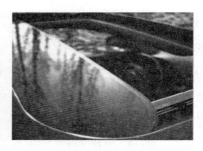
图 4-7-14　太阳能天窗玻璃

三、塑料

塑料是应用最广泛的高分子材料,在汽车上的应用发展很快,从最初的内饰件和小机件,发展到可以替代金属制造各种配件,塑料的密度小,价格低。采用塑料代替部分金属件,既可减轻车辆自重又可降低成本,还可改善汽车的耐磨、防腐蚀、减振、降噪等性能。

1. 塑料的组成与主要特性

我们通常所用的塑料并不是一种纯物质,它是由许多材料配制而成的。其中高分子聚合物(或称合成树脂)是塑料的主要成分,此外,为了改进塑料的性能,还要在高分子化合物中添加各种辅助材料,如填料、增塑剂、润滑剂、稳定剂、着色剂、抗静电剂等,才能成为性能良好的塑料。塑料的主要特性有:质量轻、强度低、刚度低、比强度高、耐蚀性好、绝缘性好、减摩性能、耐磨性能差异大,吸振性高、消音性好。

2. 塑料在汽车上的应用

由于塑料具有诸多金属及其他材料所不具备的优良性能,因此在汽车上得到广泛应用。

1) ABS(丙烯腈-丁二烯-苯乙烯共聚物)塑料

ABS 塑料在汽车的主要应用部位有收音机壳、仪表壳、制冷与采暖系统部件、工具箱、把手、散热器格栅、内饰、轮毂罩、变速器壳、镜框、转向柱套、喇叭盖、散热器面罩、杂物箱、暖风壳和百叶窗等。如图 4-7-15 所示的为散热器格栅、图 4-7-16 所示的为轮毂罩。

图 4-7-15　散热器格栅

图 4-7-16　轮毂罩

2) PA(聚酰胺)塑料

PA(聚酰胺)塑料即通常所说的尼龙,它是韧性角状半透明或乳白色结晶性树脂。具有很好的力学性能,软化点高,耐热,摩擦系数低,耐磨损、自润滑性、吸振性和消声性好,耐油、耐弱酸、耐碱和一般溶剂,电绝缘性好,有自熄性,无毒、无臭,耐候性好,染色性差。

PA(聚酰胺)塑料广泛应用于汽车上,如内饰件中的烟灰盘、车窗玻璃升降机杆、车窗曲柄、仪表板支架及组件、车门内部手柄、转向盘、转向盘托架、制动液罐、导线夹、熔断器盒、熔断器盒盖。如图 4-7-17 所示的为车窗玻璃升降机杆。

外饰件中的车轮盖盘、车轮饰面材料、滚子轴承座圈、车架前端和尾端、后视镜外壳和支架、散热器护栅、扰流板、车门把手、车门撞针、车灯外壳。如图 4-7-18 所示的为后视镜外壳。

结构件中的发动机罩、发动机装饰盖、汽缸室盖、定时齿轮、齿轮槽、齿形带、油尺、滤油器外壳、甩油环、进油管、油槽盖、汽缸顶盖、离合器推力轴承;风扇、风扇罩、散热器水箱、冷水管、恒温器外壳、加热器槽、燃料总管、燃油滤清器壳、空气滤清器壳、通气管;油箱的加油口盖、燃油管、燃油加油管、油箱通风管、气制动软管、液压制动软管、动力转向软管、洗涤器管、空调软管、真空管油管等。如图 4-7-19 所示的为发动机罩,如图 4-7-20 所示的为油箱的加油口盖。

图 4-7-17　车窗玻璃升降机杆

图 4-7-18　后视镜外壳

图 4-7-19　发动机罩

图 4-7-20　油箱的加油口盖

3) PBT(聚对苯二甲酸丁二酯)塑料

在汽车制造领域,PBT 塑料广泛地用作质量轻、耐磨、耐冲击的各种零部件,如保险杠、齿轮、凸轮、发动机放热孔罩、电刷杆、化油器组件、挡泥板、扰流板、火花塞端子板、供油系统零件、仪表板、汽车点火器、刮水器支架、各种电器连接器、配电盘盖、车内灯座、车窗固定器、天窗、后车身装饰板、传动阀、冷风扇、门锁手柄、拉手、加速踏板及离合器踏板等部件。如图 4-7-21 所示的为保险杠,如图 4-7-22 所示的为仪表板。

图 4-7-21　保险杠

图 4-7-22　仪表板

4) PC(聚碳酸酯)塑料

聚碳酸酯的抗冲击性是塑料中最高的,聚碳酸酯有优异的抗蠕变性和电性能,阻燃性好,使用温度范围大。但聚碳酸酯的耐药性、耐碱性欠佳。

PC 塑料在汽车中主要用于保险杠、前轮边防护罩、车门把手、车身覆盖件、挡泥板、前照灯、散光玻璃。如图 4-7-23 所示的为车门把手,如图 4-7-24 所示的为前照灯组件。

图 4-7-23　车门把手

图 4-7-24　前照灯

此外,PC 塑料的典型用途为安全玻璃、灯玻璃、安全帽和仪表标牌等。

5) PE(聚乙烯)塑料

它是由乙烯聚合而成的聚合物,是树脂中分子结构最简单的一种,具有优异的电绝缘性和化学稳定性,易于加工,且品种多,用途广,是目前树脂产量最大的品种。

PE 在汽车上的应用部位主要有:内护板、地板、油箱、行李箱、挡泥板、扶手骨架、刮水器、自润滑耐磨损机械零件、凸轮链轮(齿轮)、护套、门锁、车顶衬里填料和转向盘等。如图 4-7-25 所示的为油箱,如图 4-7-26 所示的为汽车车门内护板。

图 4-7-25　油箱

图 4-7-26　内护板

6) PET(聚对苯二甲酸乙二酯)塑料

经过改性后的 PET 塑料具有高强度、高刚性和优良的电绝缘性、耐热性、耐化学药品性能、耐蠕变性、耐疲劳性、耐摩擦与耐磨损性能。

主要用于汽车上的纺织物、盖、传动带、轮胎帘布、气囊、壳体、纤维和薄膜、中空吹塑瓶、加油口盖、油尺。如图 4-7-27 所示的为轮胎结构解剖结构,其中帘布层即为 PET 塑料材料。

7) PF(酚醛树脂)塑料

酚醛树脂塑料具有较高的机械强度,良好的电性能,兼有耐热、耐磨、耐腐蚀等优良性能。它可以用作各种电绝缘材料、耐热、耐磨及防腐蚀材料等,并可以代替部分贵重的有色金属(如铝、紫铜、青铜等)制作金属零件,如日常所用的电器制品,如插头、开关、电话机外壳等。

酚醛树脂塑料在汽车上主要用于汽车烟灰缸、车顶棚衬里芯材、制动片等。如图4-7-28所示的为汽车上使用的烟灰缸。

图4-7-27 轮胎帘布   图4-7-28 烟灰缸

8)PP(聚丙烯)塑料

聚丙烯由丙烯聚合而得,其密度为$0.9g/cm^3$,耐热性好,可在100~120℃下长期使用。化学稳定性高,除卤素和强氧化性酸(发烟硝酸、发烟硫酸)外,不会被其他无机化学药品侵蚀。

聚丙烯塑料在汽车上的应用部位有:保险杠、蓄电池壳、仪表壳、挡泥板、嵌板、采暖及冷却系统部件、发动机罩、空气滤清器壳、导管、容器、侧遮光板、转向盘、杂物箱、挡泥板、镜框、散热器隔栅、遮阳板固定架、蓄电池壳、座椅架。如图4-7-29所示的为蓄电池外壳,如图4-7-30所示的为发动机空气滤清器壳。

图4-7-29 蓄电池壳   图4-7-30 空气滤清器壳

9)PMMA(有机玻璃,聚甲基丙烯酸甲酯)塑料

具有极好的透明性,机械强度也较高,有一定的耐热性、耐寒性和耐气候性、耐腐蚀、绝缘性良好。PMMA塑料主要用于制造有一定透明度和强度的零件,如油标、油

杯、光学镜片、透镜、设备标牌、透明管道、汽车车灯及晶体管收音机刻度盘及电气绝缘零件、后挡板、灯罩、装饰品、窗玻璃等。如图4-7-31所示的为汽车尾灯灯罩。

10) POM（聚甲醛）塑料

POM塑料具有良好的综合性能，如有很高的刚性和硬度，优良的耐疲劳性和耐磨耗性，较小的蠕变性和吸水性，化学稳定性和电气绝缘性也较好。它主要应用于燃油系统、电器设备系统、车身体系的零部件、线夹、支撑元件、暖风机叶轮、板簧吊耳衬套、拉杆球碗、仪表齿轮、半轴垫片及各种耐磨衬套、汽车门锁零件及底盘零件等。如图4-7-32所示的为暖风机叶轮。

图4-7-31　灯罩

图4-7-32　暖风机叶轮

11) PPO（聚苯醚）塑料

聚苯醚又叫聚二亚苯基醚，它是一种热塑性树脂，密度小，综合性能优良，吸湿性低，电性能、耐水蒸气性及尺寸稳定性优异。用于出风百叶窗、各种电线夹头、轮毂饰盖、前后保险杠、散热器格栅、仪表板、仪表罩、副仪表板、杂物箱、音箱格栅、后视镜壳、立柱护盖、熔丝盒、继电器壳、闪光灯壳、前照灯反射壳、车轮罩、装饰条、通风格栅、后视镜壳、侧密封条、扰流板、副水箱等。如图4-7-33所示的为扰流板，如图4-7-34所示的为副水箱。

图4-7-33　扰流板

图4-7-34　副水箱

12) PU（聚氨酯）塑料

常见的聚氨酯塑料多以软、硬泡沫体的形式出现。它有耐低温、弹性好、耐冲击等特性。

它在汽车上的应用部位有：坐垫、仪表板垫及罩盖、挡泥板、车内地板、车顶篷及其填料、遮阳板、减振器、护板、防撞条、保险杠、转向盘、靠垫、头枕芯、车门内饰板填料、镜框、密封条。如图 4-7-35 所示的为车用挡泥板。

13）PVC（聚氯乙烯）塑料

聚氯乙烯耐化学稳定性较好，它可代替一些耐腐蚀金属材料，在防腐蚀技术中应用很广。聚氯乙烯塑料在汽车上应用的部位有：电线电缆包材、驾驶室内饰、嵌材、地板、防涂料、车门内饰板表皮、车顶篷衬里表皮、遮阳板面料、密封条、密封圈、仪表板表层。图 4-7-36 所示的为车遮阳板，其面料即为 PVC 材料制造。

图 4-7-35　挡泥板

图 4-7-36　遮阳板

当前，随着纳米技术的发展出现了一些具有特殊功能的塑料，如抗菌塑料、阻燃塑料、导电塑料、磁性塑料、增韧增强塑料、缓释塑料、吸水性树脂等以及为了适应环保要求的生物降解塑料，已经在汽车制造业中显示出良好的应用前景。

四、陶瓷材料

陶瓷是陶器和瓷器的总称。陶瓷是我国古代的一种发明，但其应用于汽车的历史却不长，可以说是一种新材料。

人们早在约 8000 年前的新石器时代就发明了陶器。陶瓷的发展史是中华文明史的一个重要的组成部分，英文中的"china"既有中国的意思，又有陶瓷的意思，清楚地表明了中国就是"陶瓷的故乡"。如图 4-7-37 所示的为具有中国特色文化的陶瓷瓶。

1. 陶瓷的定义

陶瓷是以天然黏土以及各种天然矿物为主要原料经

图 4-7-37　陶瓷瓶

过粉碎混炼、成型和煅烧制得的材料的各种制品。常见的陶瓷材料有黏土、氧化铝、高岭土等。陶瓷材料一般硬度较高，但可塑性较差，除了使用于食器、装饰上外,陶瓷在科学、技术的发展中亦扮演着重要角色。陶瓷原料是地球原有的大量资源黏土经过加工而成。而黏土的性质具韧性,常温遇水可塑,微干可雕,全干可磨;烧至700℃可成陶器能装水;烧至1230℃则瓷化,可几乎完全不吸水且耐高温耐腐蚀。陶瓷材料大多是氧化物、氮化物、硼化物和碳化物等。

2. 陶瓷材料的特性

陶瓷材料是用天然或合成化合物经过成形和高温烧结制成的一类无机非金属材料。它具有高熔点、高硬度、高耐磨性、耐氧化等优点。可用作结构材料、刀具材料,由于陶瓷还具有某些特殊的性能,又可作为功能材料。

3. 陶瓷材料在汽车上的应用

1) 氧化铝(Al_2O_3)陶瓷

氧化铝陶瓷又称高铝陶瓷,主要成分是氧化铝 Al_2O_3 和氧化硅 SiO_2。它具有强度大、硬度高、耐腐蚀、耐磨损、绝缘性好,耐热温度可达1600℃等优点,但其缺点是脆性大,抗震性差,工艺复杂,成本高。氧化铝陶瓷出色的高温性能和介电性能,使其适宜制作发动机火花塞(图4-7-38);好的耐磨性可保证制作的活塞能够加工到相当高的精度和粗糙度。

如图4-7-39所示,陶瓷制动器是在碳纤维制动器的基础上制造而成的。碳纤维制动碟最初由碳纤维和树脂构成,它被机器压制成形,之后经过加热、碳化、加热、冷却等几道工序制成陶瓷制动器,陶瓷制动器的碳硅化合物表面的硬度接近钻石,碟片内的碳纤维结构使它坚固耐冲击,耐腐蚀,让碟片极为耐磨。

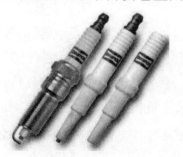
图4-7-38 发动机火花塞

图4-7-39 陶瓷制动器

2) 碳化硅(SiC)陶瓷

碳化硅陶瓷是用碳化硅粉,用粉末冶金法经反应烧结或热压烧结工艺制成。碳化硅陶瓷最大特点是高温强度大、热稳定性好、耐磨性强、耐腐蚀性强和抗蠕变性好。适用于浇注金属用的喉嘴、热电偶套管、燃气轮机的叶片、轴承等零件。

同时由于它的热传导能力高,还适用于高温条件下的热交换器材料,也可用于制作各种泵的密封圈。如图4-7-40所示的为各类泵密封圈,图4-7-41所示的为碳化硅陶瓷轴承。

图4-7-40　碳化硅泵密封圈　　　图4-7-41　碳化硅陶瓷轴承

新型陶瓷涡轮比当今超耐热合金具有更优越的耐热性,而比重约为金属涡轮的三分之一,可以补偿金属涡轮动态响应低的缺点,因而在汽车废气涡轮增压器中得到了应用。

3) 氮化硅(Si_3N_4)陶瓷

氮化硅陶瓷的烧结工艺有热压烧结和反应烧结2种。热压烧结氮化硅则用于形状简单、精度要求不高的零件,如切削刀、高温轴承等。反应烧结氮化硅用于形状复杂、尺寸精度要求高的零件,如机械密封环等。

用氮化硅陶瓷材料制造发动机汽缸套(图4-7-42),由于工作温度提高到1370℃,发动机效率可提高30%。同时由于温度提高,可使燃料充分燃烧,排出的废气中污染成分大幅度下降,不仅降低能耗,并且减少了环境污染。

4) 氧化锆(ZrO_2)陶瓷

氧化锆熔点高(可达2700℃),耐热性、耐蚀性优良,热导率低。氧化锆(ZrO_2)陶瓷随着制造技术的进步而得到充分利用,如各种温度传感器(冷却液温度传感器、进气温度传感器、排气温度传感器等)、爆震传感器、氧传感器、超声波传感器和湿度传感器等。如图4-7-43所示为氧传感器。

图4-7-42　汽缸套　　　图4-7-43　氧化锆式氧传感器

单元四 汽车用材料

课题八 汽车用燃料

燃料是指某些能将自身储备的化学能经过化学反应(燃烧)后能放出大量热能的物质,常见的如木材、木炭、煤、酒精、煤油、汽油、柴油等。

目前汽车所使用的燃料主要是汽油和柴油。而随着汽车保有量的逐年增加,汽车排放造成的环境污染问题以及石油资源逐渐匮乏的问题已不容忽视,因此各种代用燃料也得到了越来越广泛的应用。目前国内开发使用的发动机代用燃料包括天然气、液化石油气、甲醇、乙醇、生物质燃料、氢气以及二甲基醚等。汽车燃料的种类见表4-8-1。

汽车燃料的种类　　　　表4-8-1

汽车燃料	常规汽车燃料	汽油	汽油是汽油机的燃料。汽油在常温下为无色至淡黄色的易流动液体
		柴油	柴油是柴油机的燃料。柴油也是复杂烃类的混合物
	发动机代用燃料	车用天然气	车用压缩天然气(CNG)就是把天然气压缩到20MPa后存入特制的耐高压气瓶中,经过减压器减压后供发动机使用
		液化石油气	车用液化石油气(LPG)基本上是丙烷和丁烷的混合物
		醇类燃料	醇类燃料主要是甲醇(CH_3OH)和乙醇(C_2H_5OH),醇类燃料可以与汽油或柴油按一定比例掺烧,也可以直接采用醇类燃料作为发动机的替代燃料

一、车用汽油

汽油外观为透明液体,可燃,馏程为30℃至220℃,主要成分为C5～C12脂肪烃和环烷烃类以及一定量芳香烃,汽油具有较高的辛烷值(抗爆震燃烧性能),并按辛烷值的高低分为89号、92号、95号、98号等牌号(国Ⅴ)。汽油由石油炼制得到的直馏汽油组分、催化裂化汽油组分、催化重整汽油组分等不同汽油组分,经精制后与高辛烷值组分经调和制得,主要用作汽车点燃式内燃机的燃料。

(一)汽油的基本性质

汽油在常温常压下为具有特殊气味的无色或淡黄色透明液体,易挥发、易燃烧,其主要成分为含 4~12 个碳原子的脂肪烃和环烃类,此外还含少量芳香烃和硫化物。汽油基本性质见表 4-8-2。

汽油基本性质　　　　　　表 4-8-2

外观和性状	无色或淡黄色,易挥发液体,具有特殊气味		
熔点(℃)	<-60	相对密度(空气=1)	3.5
沸点(℃)	40~200	闪点(℃)	-50
相对密度	0.70~0.79	爆炸极限(%)	下限1.3,上限6.0
最小引燃能量(mJ)	0.25	引燃温度(℃)	415~530
溶解性	不溶于水,易溶于苯、二硫化碳、醇、脂肪		

(二)车用汽油的使用性能及牌号

不同的汽油发动机对汽油的要求有所不同,但为使发动机能可靠工作,保证汽油能在汽车发动机燃烧室中燃烧的平稳和可靠,汽油要有良好的物理和化学稳定,其基本要求包括良好的蒸发性、抗爆性、安定性、无腐蚀性、不含杂质和水分。

汽油作为发动机燃料,其使用性能的好坏直接关系发动机工作时的动力性、经济性、排放性及其使用寿命。

国产汽油的牌号是按照汽油研究法辛烷值来划分的,汽油的牌号数字代表该汽油的研究辛烷值不小于该数字,如 90 号汽油表示该汽油的研究辛烷值不小于 90。汽油的牌号越高,抗爆性越好。

为了充分发挥汽油的作用,延长汽油的使用寿命,降低生产成本,节约能源,需要正确选用汽油牌号。

1. 根据汽车生产厂家的要求选用

根据汽车使用说明书中,对发动机使用燃料辛烷值(或抗爆性)的要求,选取适当的汽油牌号。

2. 根据发动机的压缩比,选取汽油牌号

压缩比大,选用高牌号的汽油;压缩比小,选用低牌号的汽油。一般来说,压缩比在 7.0~8.0,可选 90 号车用汽油或 93 号无铅车用汽油;压缩比在 8.0~8.5,可选 93 号车用汽油或 95 号无铅车用汽油;压缩比在 8.5 以上的,可选 97 号车用汽油或 95 号无铅车用汽油。

二、车用柴油

柴油是轻质石油产品,复杂烃类(碳原子数约 10~22)混合物,为柴油机燃

料。主要由原油蒸馏、催化裂化、热裂化、加氢裂化、石油焦化等过程生产的柴油馏分调配而成;也可由页岩油加工和煤液化制取。分为轻柴油(沸点范围约180~370℃)和重柴油(沸点范围约350~410℃)两大类。

(一) 车用柴油的牌号及选用

GB 252 按质量将柴油分为优级品、一级品和合格品三个等级,每个等级的轻柴油按凝点分为 10 号、5 号、0 号、-10 号、-20 号、-35 号和 -50 号 7 种牌号,它们的凝点分别不高于 10℃、5℃、0℃、-10℃、-20℃、-35℃和 -50℃,其质量规格参照《车用柴油》(GB 19147—2016)。

选用柴油时,应根据不同地区和季节,选用不同的牌号。气温低的地区,选用凝点低的柴油;反之,气温较高的地区,选用凝点较高的柴油。为了保证柴油发动机燃料系统在低温下能正常供给,柴油的凝点应比使用时的最低气温低 4~6℃。柴油的选用可参照表 4-8-3。

柴油的选用　　　　　　　　　表 4-8-3

牌号	0 号	-10 号	-20 号	-35 号	-50 号
冷凝点(℃)不高于	4	-5	-14	-29	-44
适宜最低气温(℃)不低于	4	-5	-14	-29	-44
使用地区范围	全国 4~9 月份;长江以南地区冬季	长城以南地区冬季;长江以南地区严冬	长城以北地区冬季;长城以南地区严冬	东北、华北、西北寒区严冬	东北、华北严寒地区严冬

三、汽车代用燃料

汽车代用燃料主要的类型有醇类、醚类、天然气、电能、氢气等。目前国内开发使用的汽车代用燃料主要有天然气、液化石油气、甲醇、乙醇、电能、氢气等。如图 4-8-1 所示的为我国发展汽车代用燃料的战略。

四、汽车润滑材料

润滑是摩擦学研究的重要内容,改善摩擦副的摩擦状态以降低摩擦阻力,减缓磨损的技术措施。汽车由成千上万个零件组成,相互之间运动总存在着各种各样的摩擦,一般通过润滑剂来达到润滑的目的,另外润滑剂还有防锈、减振、密封、传递动力等作用。

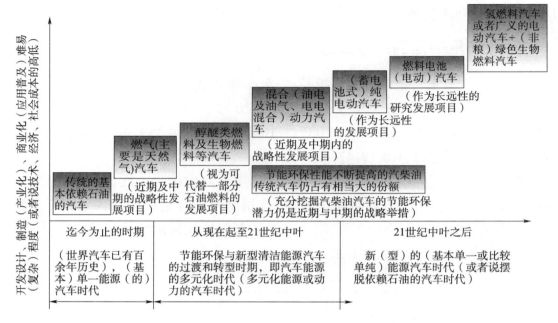

图 4-8-1　中国代用燃料汽车发展战略

(一) 发动机润滑油

发动机润滑油,被誉为汽车的"血液",能对发动机起到润滑、清洁、冷却、密封、减磨、防锈、防蚀等作用。发动机是汽车的心脏,发动机内有许多相互摩擦运动的金属表面,这些部件运动速度快、环境差,工作温度可达400℃至600℃。在这样恶劣的工况下面,只有合格的润滑油才可降低发动机零件的磨损,延长使用寿命。

发动机润滑油的作用有:润滑作用、冷却作用、清洗作用、密封作用、减振作用、防腐及防锈。

1. 发动机润滑油的工作条件

发动机润滑油工作条件是较苛刻的,主要表现为工作温度高、工作压力较大、速度范围宽。在发动机中,汽缸与活塞环、轴承与轴颈等摩擦副都属于工作条件较为苛刻的摩擦副。汽缸与活塞直接与燃烧气体接触,可燃混合气在燃烧室内的温度对汽油机来说可达1900~2500℃,最大压力可达9MPa,对柴油机来说,其最大压力可达5MPa。活塞顶部温度一般都在230~280℃,第一道活塞环处的温度约达200℃,连杆轴承温度约为110℃,曲轴轴承温度约100℃,曲轴箱平均温度为85~95℃,这些条件决定了发动机润滑油工作温度高、工作压力大等特点。发动机轴承大多数为滑动轴承,其承受的压力不高,但因其转速变化范围大,给流体动压润滑油膜的建立却带来了很大的影响。

2. 发动机润滑方式

发动机润滑,一般采用自流、飞溅和压力润滑三种方式,如图4-8-2所示。

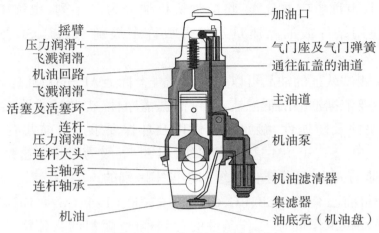

图 4-8-2　发动机润滑方式

通常气门杆和齿轮轴等部位采用自流润滑。

飞溅润滑具有结构简单的优点,利于发动机的轻量化,但其润滑效果往往较差,一般用于汽缸壁和活塞销等部位的润滑。

压力润滑属于强制润滑,它是靠油泵以一定压力将润滑油输送给摩擦副。它能弥补飞溅润滑的缺点,一般用于曲轴和连杆轴等部位。

3. 发动机润滑油的组成

发动机润滑油由基础油和添加剂两部分组成。基础油是润滑油的主要组成部分,通常占80%左右,基础油使机油可以发挥其基本功能。添加剂是通过防止机油在发动机处于极端温度条件下失效而为发动机提供辅助保护用的。

基础油是从原油中精炼而来。基础油分为矿物基础油、合成基础油和加氢基础油等。

为使发动机润滑油能满足现代汽车的要求,主要使用的添加剂有:清净分散剂、抗磨剂、防锈剂、氧化抑制剂和黏度指数改进剂等。

4. 发动机润滑油的分类

发动机润滑油按用途可分为汽油机油,柴油机油,航空机油,汽、柴油通用机油,醇燃料发动机油和绝热发动机油等。

目前,国外对润滑油的分类大多采用黏度分类法和性能分类法两种。前者的基准是 SAE 黏度分类法；后者的基准是 API 性能分类法，这两种分类法较准确地反映出油料的性能要求。

对机油的质量分类，现在最常用的是 API 质量分类法，API 是美国石油协会的缩写。API 质量分类法也称性能分类法或使用分类法，它将汽油发动机机油分为 S 系列，也称供应站分类；将柴油机机油分为 C 系列，也称工商业分类。两种系列按使用条件或油品质量水平分成许多级别，如 SC、SD、SE、CC、CD、CE 等。

通过 API 测试认证的油品可以在机油壶身上标上 API 的双环标志，它区分机油等级标准主要依据油品的低温流动性、高温清净性、扩散过滤性、氧化稳定性、耐磨耗性、防腐蚀及防锈性、触媒兼容性以及环保要求。目前共有 SA、SB、SC、SD、SE、SF、SG、SH、SJ、SL、SM 这 11 种等级，以 SL 等级为最新。这是按发动机热负荷、机械负荷的大小、操作条件的缓和程度来区别的。

C 系列中目前已有 CA、CB、CC、CD、CD-2、CE、CF-4、CG-4、CH-4、CI-4 等级别。它是按发动机工作负荷、工作条件的苛刻程度、燃料的含硫量及操作条件的缓和程度来区别的。

5. 发动机润滑油的选用

选择发动机机油应根据发动机的特点及本地区的气温情况，兼顾使用性能级别选择和黏度级别选择两个方面，以保证发动机正常工作和良好的润滑，延长发动机的使用寿命。

发动机润滑油的选用注意事项

(1) 优先选用国产机油。

(2) 优先选用黏度级别较低的机油。

(3) 选择机油质量等级要得当。

(4) 不同种类的润滑油不可混用，更不能混存。

(5) 汽油机机油和柴油机机油不能互相代替或掺兑使用。

(6) 定期更换润滑油并及时更换润滑油滤芯，换油时，一定要在热车时进行。加入新油后应着车数分钟，停机 30min 后，再检查油面直至达标准。

选择了合适的润滑油后还要注意正确的使用方法，如果使用不恰当则会出现发动机磨损加剧，甚至拉缸、烧轴瓦的故障。发动机润滑机油使用应注意以下几点：

(1) 同一级别的国内外润滑油使用效果一致，国产长城牌 SJ5W/30 受到国际认可，是目前国产高品质的润滑油，适用所有高档车。

(2) 级别低的润滑油不能用于高性能的发动机，以防造成磨损加剧；级别高的润滑油可以用于稍低性能的发动机,但不可降档过多。

(3)在确保润滑的条件下,优选黏度低的润滑油,可以减少机件的摩擦损失,提高功率,降低燃料消耗。

(4)保持正常油位,常检查、勤补油。

(5)不同牌号的润滑油不可混用,同一牌号不同生产厂家的润滑油也尽量不混用。

(二)齿轮油

齿轮油指汽车驱动桥、手动变速器、转向器、分动器及轮边减速器、齿轮传动机构用的润滑油。齿轮油以石油润滑油、基础油或合成润滑油为主,加入极压抗磨剂和油性剂调制而成的一种重要的润滑油。其用于各种齿轮传动装置,以防止齿面磨损、擦伤、烧结等,延长其使用寿命,提高传递功率效率。齿轮油应具有良好的抗磨、耐负荷性能和合适的黏度。此外还应具有良好的热氧化安定性、抗泡性、水分离性能和防锈性能。

1.齿轮油的作用

降低齿轮啮合时的齿间摩擦,从而降低功率损失;降低齿轮啮合时的齿间磨损,这对保证齿轮装置正常运转和延长齿轮寿命是重要的;分散热量,有冷却作用;防止齿轮腐蚀和生锈;减少齿轮传动过程中的噪声、振动和冲击;冲洗污染物,特别是冲洗齿面上的固体颗粒,以免造成磨粒磨损。

2.齿轮油的工作条件

汽车中机械传动机构中的齿轮,据其轴线相互位置关系的不同,可分为平行轴传动、相交轴传动和交错轴传动。每类传动中按齿轮和齿形不同又有不同的传动方式,如平行轴传动的直齿圆柱齿轮、斜齿圆柱齿轮、人字齿圆柱齿轮;相交轴传动的有直齿锥齿轮、斜齿锥齿轮、螺旋锥齿轮;交错轴传动的有双曲线齿轮、蜗轮蜗杆、螺旋传动。

3.齿轮油的基本性能

为了保证齿轮传动的正常运转,满足各种使用条件的要求,达到齿轮良好润滑的目的,齿轮油一般要求具备以下性能:合适的黏度、足够的极压抗磨性、良好的抗乳化性、良好的氧化安定性、良好的抗泡性、良好的防锈防腐蚀性。

4.齿轮油的分类及规格

常见的国外汽车齿轮油有黏度分类和使用性能分类两种分类方式。一类是按 SAE(美国汽车工程师协会)黏度分类,分为 7 种牌号:70W、75W、80W、85W、90、140、250。带尾缀 W 为冬季用齿轮油,它是根据齿轮油黏度达到 150Pa·s 的最高温度和 100℃ 时的最小运动黏度两项指标划分的;不带尾缀 W 的为夏季用齿轮油,它是根据 100℃ 时的运动黏度范围划分的;另外还有多级油,如 80W/90、85W/90 等。另一类是按 API(美国石油协会)使用性能分类,依据工作条件的苛刻程度划分为 GL-1~GL-6 六级。API 齿轮油使用性能分级有相应的抗擦伤性能的标准齿轮油和试验方法控制其负荷承载能力。

国内汽车齿轮油的分类:我国参照 API 使用分类规定的车辆齿轮油的分类标准,详见表 4-8-4。

国产车辆齿轮油的分类标准　　　　　　　表 4-8-4

代号	组成、特性和使用说明	使用部位
CLC	精制矿油加抗氧剂、防锈剂、抗泡剂和少量极压剂等制成,适用于中等速度和负荷比较苛刻的机械变速器和螺旋锥齿轮的驱动桥	机械变速器、螺旋锥齿轮的驱动桥
CLD	精制矿油加抗氧剂、防锈剂、抗泡剂和极压剂等制成,适用于在低速高扭矩,高速低扭矩下操作的各种齿轮,特别是客车和其他各种车辆用的准双曲面齿轮	机械变速器、螺旋锥齿轮和使用条件不太苛刻的准双曲面齿轮的驱动桥
CLE	精制矿油加抗氧剂、防锈剂、抗泡剂和极压剂等制成,适用于比 CLD 更恶劣的工作环境的各种齿轮,特别是汽车和其他各种车辆的准双曲面齿轮	使用条件苛刻的准双曲面齿轮及其他各种齿轮的驱动桥,也可用于机械变速器

参照 SAE 黏度分类,我国汽车齿轮油按黏度为 150000mPa·s 时的最高温度和 100℃ 时的运动黏度分为 70W、75W、80W、85W、90、140、250 七个黏度标号。

5. 齿轮油的选用

选用汽车齿轮油,主要是确定其黏度级别和使用性能级别,以此两项指标选用合适的汽车齿轮油。汽车生产厂家的使用说明书里的规定是选择的主要依据。对于一般工作条件下的螺旋锥齿轮主减速器(驱动桥)、变速器和转向器可选用普通车辆齿轮油;主减速器是准双曲面齿轮的,必须根据工作条件选用中负荷车辆齿轮油或重负荷车辆齿轮油。具体选择方法参考表 4-8-5。

汽车齿轮油的选择　　　　　　　　　表4-8-5

使用性能级别选择		黏度级别（或牌号）的选择	
性能级别	齿轮类型、工作条件和示例	黏度级别	使用气温范围（℃）
普通车用齿轮油（GL-3）	工作条件缓和的螺旋锥齿轮主减速器和变速器、转向器（解放 CA1091 后桥、变速器等）	90	-10℃以上地区全年通用
		80W/90	-30℃以上地区全年通用
		85W/90	-20℃以上地区全年通用
中负荷车用齿轮油（GL-4）	工作条件一般（齿间压力在 3000MPa 以下，齿间滑移速度在 8mm/s 以下）的准双曲面齿轮主减速器（东风EQ1090）或要求使用 GL-4 齿轮油的进口汽车	90（旧18号）	-10℃以上地区全年通用
		旧7号严寒区双曲线齿轮油	-43℃以上严寒区冬季
		85W/90	-20℃以上地区全年通用
重负荷车用齿轮油（GL-5）	工作条件苛刻的准双曲面齿轮主减速器（丰田皇冠等进口轿车）或要求使用 GL-5 齿轮油的进口汽车	90	10℃以上地区全年通用
		140（旧26号）	重负荷、炎热夏季
		85W/90	-20℃以上地区全年通用

（三）润滑脂

润滑脂是稠厚的油脂状半固体，用于机械的摩擦部分，起润滑和密封作用，也用于金属表面，起填充空隙和防锈作用。润滑脂俗称"黄油"，如图 4-8-3 所示，是用脂肪酸的钙皂稠化而成，即现在的钙基润滑脂。后来出现了多种新型的润滑脂，如石墨润滑脂、二硫化铝润滑脂、烃类润滑脂、硅胶润滑脂及有机染料润滑脂等。润滑脂由基础油（润滑液体）、稠化剂和添加物（添加剂和填料）三部分组成。

图 4-8-3　润滑脂

汽车上之所以有那么多零部件在润滑时用脂而不用油，根本的原因在于润滑脂具有的非牛顿流体特性，润滑脂能够在机械零部件运转时保持在原有位置，由此带来了润滑油所不具备的优点：

(1)可在较宽温度范围和较长时间内起到润滑作用;减少再润滑的需要,乃至完全不用再润滑,实现"终身润滑"。

(2)减少滴落、飞溅,减小对环境的污染。

(3)简化了车辆设计。

(4)不需要储油槽或油泵。

(5)不易泄漏,容易密封,即使密封件破损,润滑脂也不会流失殆尽;并能防止外界污物进入机件内部。

(6)润滑脂的蒸发损失小,高温、高速下的润滑性好。

(7)有良好的附着性能,减小机械噪声。

(8)既能够容纳油溶性的液体添加剂,也可以有固体添加剂。

但润滑脂润滑也有明显缺点,没有润滑油的冷却作用,也没有带走磨屑的功能。一般而言,汽车零部件润滑首先应考虑用润滑脂,只有在那些放热量大需要润滑剂起冷却作用的摩擦部位,例如发动机,润滑油才有优势。

1. 润滑脂的分类

按基础油组成分为矿物油润滑脂和合成油润滑脂。按主要用途分为减摩润滑脂、防护脂、密封润滑脂、分散润滑脂和增摩润滑脂等。按脂的某一特性分为高温脂、耐寒脂和极压脂等。

我国习惯上使用按稠化剂类型进行分类,即分为皂基润滑脂和非皂基润滑脂。皂基润滑脂又可根据稠化剂的不同分为单皂基润滑脂(如钠基、锂基、钙基润滑脂)、混合皂基脂(如钙钠基润滑脂)和复合皂基脂(如复合钙、复合锂、复合铝基润滑脂)。非皂基脂又分为烃基润滑脂(如工业凡士林、炮用润滑脂)、无机润滑脂(如硅胶润滑脂)和有机润滑脂。

2. 汽车常用润滑脂及其牌号

汽车上常用润滑脂有钙基润滑脂、钠基润滑脂、钙钠基润滑脂、复合钙基润滑脂、通用锂基润滑脂、汽车通用钙基润滑脂,极压锂基润滑脂和石墨钙基润滑脂等品种。

1)钙基润滑脂

钙基润滑脂是用天然脂肪酸钙皂稠化中等黏度的矿物油制备而成的,俗称黄油,它是使用最早也是最多的一种润滑脂,广泛应用于汽车轮毂轴承、水泵轴承等。

我国大部分车辆使用2号、3号钙基润滑脂,但2号钙基润滑脂的最高使用温度低于3号钙基润滑脂5℃左右,因此在南方的夏季或山区行驶,且轴承温度较高的情况下,宜使用3号钙基润滑脂。其使用温度范围为 -10℃ ~ 60℃,最高使用温度低。其耐热性差,钙皂的水化物在100℃时丧失稠度。它的优点是抗水性好,遇水不易浮化,容易黏附在金属表面,胶体安定性好。常用在汽车轮毂轴承、转向拉杆球节、水泵轴承、分电器齿轮等部位的润滑。

2)锂基润滑脂

锂基润滑脂是用天然脂肪酸锂皂稠化中等黏度的矿物油制备而成的,它包括通用锂基润滑脂、极压锂基润滑脂。

通用锂基润滑脂具有良好的抗水性,机械安定性,防锈性和氧化安定性,适用于 -30℃ ~ 120℃温度范围内各种机械设备的滚动和滑动轴承及其他摩擦部位的润滑。通用锂基润滑脂广泛用于汽车轮毂轴承、底盘、水泵、发电机等各摩擦部位润滑。通用锂基润滑脂共有000号、00号、0号、1号、2号、3号六个牌号。

极压锂基润滑脂适用于高负荷机械设备的齿轮和轴承的润滑,中高档轿车推荐使用这种润滑脂。极压锂基润滑脂共有00号、0号、1号、2号、3号五个牌号。

3)钠基润滑脂

钠基润滑脂是用天然脂肪酸钠皂稠化中等黏度的矿物油制备而成。钠基润滑脂耐热性好,可在120℃下较长时间工作,并有较好的承压抗磨性能,可适应较大的负荷。但钠皂遇水易乳化变质,即抗水性差,不能用在潮湿环境或与水接触的部件。

4)石墨润滑脂

钢板弹簧润滑一定用石墨润滑脂,如果用钙基润滑脂,会造成钢板弹簧容易损坏。特别是在工地、山地及道路差的路况下行驶时,车辆颠簸大,钢板弹簧所承受的冲击负荷大,更易损坏。由于在石墨润滑脂中加有石墨,因此填充了钢板间的粗糙面,提高了钢板弹簧耐压、耐冲击负荷的能力。

五、汽车工作油液

为了保证汽车工作的动力性、稳定性、可靠性、制动安全性和舒适性,汽车在使用过程中除了消耗燃油和润滑油之外,还必须使用多种油液来实现汽车的各种功能。例如,用液力传动油来传递动力、用冷却液来保证发动机的正常工作温度、用制动液来保证汽车的安全性等。

(一)自动变速器油的作用

(1)能量传递作用。通过液力变矩器将发动机动力传递给变速器,起到能量传递的作用。

(2)作为压力传递介质。通过电控、液控系统传递压力和运动,完成对各换挡元件的操纵。

(3)冷却作用。由于自动变速器中摩擦片表面接触瞬间温度可达600℃,因此它也作为热传递介质,将变速器中的热量带出,起到冷却作用。

(4)润滑作用。对行星齿轮机构和摩擦副强制润滑的作用,使自动变速器能够正常工作,工作寿命得以延长。

(5)清洁运动零件并起密封作用。

(二)自动变速器油的主要性能要求

自动变速器作为高度精密的动力传输装置,它的机械部件如液力变矩器、行星齿轮、液压控制阀等,对其中的污染物和温度变化非常敏感,如果使用的ATF性能不能满足自动变速器的工作要求,自动变速器就会出现工作粗暴、换挡困难、打滑以及烧蚀摩擦片等故障,所以使用符合要求的ATF极为重要。

1. 较好的黏温特性和适合的黏度

黏度是ATF最重要的性质之一。为实现ATF的传递动力的功能,要求ATF的黏度较低。而当要发挥其润滑作用时,高温时要求黏度大,以利于形成油膜;低温时要求黏度较小,以满足汽车的低温起动性。实践证明,ATF黏度过大或过小都会使变速器传动效率下降,故ATF要有适合的黏度。

2. 较高的氧化安定性

自动变速器在工作中其离合器等零件温度高达300℃。在高温下油液与空气作用生成一种胶质黏附在阀体及各运动零件上,使其运动黏度增加,同时生成酸性物质,使酸值增大,对金属和橡胶件产生腐蚀,影响系统的正常工作。因此,要求ATF具有较高的氧化安定性。

3. 防腐防锈性

零件的腐蚀或锈蚀,会造成系统工作失灵,以至损坏。

4. 良好的抗泡沫性

自动变速器工作状态下,ATF在管道中高速循环通过时容易起泡,使油膜强度和稳定性下降,影响传动油的正常循环,并有可能使各挡离合器一直处于不能彻底分离或不能完全结合的状态,使自动变速器无法正常工作,故 ATF 要具有良好的抗泡性,以保证自动变速器正常工作。

5. 良好的抗磨性

自动变速器中的齿轮、轴套、止推垫圈和传动机构在工作过程中受到摩擦、磨损,故 ATF 应该具有减轻机构的磨损,延长机械部件使用寿命的能力。

(三)自动变速器油的规格与选用

在美国汽车液力传动油按使用条件可分为 PTF-1、PTF-2、PTF-3 三种。国产的 ATF 按 100℃ 运动黏度分为 6 号、8 号两种规格,分别相当于国外的 PTF-2 类、PTF-1 类。6 号液力传动油用于内燃机车或载货汽车的液力变矩器,8 号液力传动油用于各种轿车、轻型客车的液力自动变速器,可以替代国外的同类产品。

正确选用 ATF 对自动变速器的正常工作特别重要。而 ATF 的牌号很多,各国的用油规定也各不相同,一般应按汽车使用说明书选用 ATF。

六、汽车制动液

制动液是液压制动系统中传递制动压力的液态介质,又称刹车油。制动液其性能对汽车的行驶安全性有很大的影响。

(一)对汽车制动液的性能要求

我国现行的制动液国家标准 GB 12981—2012《机动车辆制动液》为强制性标准,共有 15 项技术指标要求,分别是外观、平衡回流沸点、湿平衡回流沸点、运动黏度(100℃、-40℃)、pH 值、液体稳定性、腐蚀性、低温流动性和外观、蒸发性能、水溶性、液体相容性、抗氧化性、橡胶相容性、行程模拟性能和防锈性能。为实现汽车正常的制动效能,确保行车安全,汽车制动液必须满足以下 6 点性能要求。

(1)较高的沸点,不易蒸发。
(2)良好的低温流动性,黏温性能较好。
(3)适宜的高温黏度,适当的润滑性。
(4)良好的抗氧化、抗腐蚀和防锈性能。
(5)吸湿性低、水溶性好。
(6)橡胶的适应性好。

(二) 制动液的分类和规格

制动液按原料的不同可分为醇型、矿油型和合成型三种。

我国现行的制动液相关标准是 GB 12981—2012《机动车辆制动液》,本标准按机动车辆安全使用要求分为 HZY3、HZY4、HZY5 三种产品,分别对应美国产品 DOT3、DOT4、DOT5 或 DOT5.1 规格。

(三) 制动液的选用注意事项

制动液为有毒液体,因此务必存放在原装密封容器内,制动液对车身油漆有腐蚀作用,在使用时应注意以下几点。

(1) 首先要依照车辆使用说明书和规定选择制动液,所选用的制动液产品类型与汽车说明书的要求相符。

(2) 要求选择合成型制动液。

(3) 在不同的地区采用适应地区环境的制动液,在低温条件、高温条件、山区或高原条件使用的车辆,要注意制动液的低温性或高温性能。

(4) 不能混用不同规格的制动液,以防制动液分层、失效。

(5) 严防水分或其他矿物油混入,以免降低沸点,造成气阻。

(6) 矿物油型制动液对橡胶零件有腐蚀作用,使用这类油时,制动系内必须换用耐矿物油的橡胶制品。

(7) 换油前必须将制动系统洗净。

(8) 注意防火,不可露天存放,以免制动液过早变质、失效。

(9) 灌装制动液的工具、容器,必须专用,不得与其他油品混用。

(10) 在更换皮碗、活塞的同时,必须同时更换制动液。

(11) 制动液的换油周期一般为 50000km 或 2 年。

(四) 制动液的检查与更换

1. 检查制动液液面高度

制动液液面必须符合规定,满足制动系统工作要求,保证行驶安全。液面应处于储液罐最高(MAX)、最低(MIN)标记之间,如图 4-8-4 所示。

汽车的制动系统一般装有摩擦衬片自动调整机构,衬片磨损后,该机构可自动调整间隙,因此,在使用过程中,制动液液面可能略有下降,这种情况属正常现象,无须担心。但是如果短期内液面明显下降或降至最低标记以下,则表明系统出现泄漏,此时应立即检修。

图 4-8-4 制动液液面高度

2. 更换制动液

由于制动液吸湿性较强,在使用过程中制动系统虽然进不了水分,但制动液使用一段时间以后仍然会吸收一部分的水分。制动液中水分越多,沸点越低。为了保证行车安全,制动液应定期更换(一般为 2 年或 5 万 km 更换一次)。

七、发动机冷却液

冷却液又称防冻液、抗冻液等。发动机冷却液是水冷发动机冷却系统的工作介质,它是汽车发动机不可缺少的一部分。

如图 4-8-5 所示,它在发动机冷却系统中循环流动,将发动机工作中产生的多余热能带走,使发动机能以正常工作温度运转。

发动机冷却液有冷却、防开锅、防冻、防腐蚀、防垢、防穴蚀、防泡和消泡等作用。

(一) 发动机冷却液的性能要求

为保证汽车发动机正常工作和延长发动机的使用寿命,要求汽车发动机冷却液应具备下列性能。

(1) 较小的黏度,良好的流动性,以提高发动机的散热速度。

(2) 冰点低、沸点高,以防止冬天结冰,夏天开锅。

(3) 防腐蚀性好,不损坏汽车有机涂料。

(4) 比热容要高、热传导性好。以保证良好的冷却性能。

此外,冷却液还应具有优良的消泡性能,空气释放性能,对铝、铁等金属不发生气蚀,以及价廉、无特殊气味等性能。

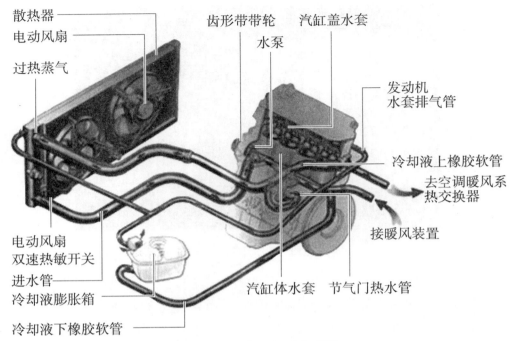

图 4-8-5 发动机冷却系统

(二)冷却液的类型

冷却液的分类方法很多,可以按基础液类型、缓蚀剂组成、发动机负荷、冰点的不同四种方法进行分类。

1. 按基础液类型分类

按基础也不同,冷却液有无机盐-水型和醇-水型两种。目前无机盐-水型已经被淘汰。醇-水型冷却液的基础液为甲醇、乙醇、乙二醇、丙二醇等醇类。用乙二醇制得的冷却液冰点较低,沸点高、黏度适中、性能稳定、并且毒性低,所以被广泛使用,目前大部分冷却液均为乙二醇型。

2. 按缓蚀剂组成分类

按缓蚀剂组成分类可分为无机盐型和有机酸型两种。缓蚀剂为无机盐型的冷却液称为无机盐型,无机盐缓蚀剂的消耗速度较快,冷却液在车辆运行30000～50000km后,需要添加新的缓蚀剂。缓蚀剂主要是有机酸的冷却液称为有机酸型,有机酸缓蚀剂的消耗速度很慢,所以冷却液的使用寿命较长。

3. 按发动机负荷分类

按发动机负荷分类可分为轻负荷发动机型和重负荷发动机型两种。轻负荷发动机型指主要用于轿车和轻型、中型载货汽车等发动机负荷较轻车辆的冷却液。重负荷发动机型指主要用于重型载货汽车、工程机械及越野车等发动机负荷较重车辆的冷却液。

4.按冰点的不同分类

我国的冷却液按冰点的不同分六个规格，具体为-25号、-30号、-35号、-40号、-45号、-50号。

(三)冷却液的选用注意事项

选用冷却液时,其凝点要比车辆运行地区的最低气温低10℃左右,其沸点至少应达到106℃以上。冷却液选用时应注意以下几点。

(1)乙二醇~水型冷却液在使用中蒸发的一般是水,应及时添加适量的水。每年入冬前应检查冷却液的密度,如密度变小,则说明乙二醇含量不足,冰点高,应及时加充冷却液(或浓缩型冷却液)。

(2)乙二醇有毒,切勿用口吸。

(3)不同牌号冷却液不可混用,以免相互间发生化学反应而破坏其防腐性。

(4)若因冷却系渗漏引起散热器液面降低,应及时补加冷却液,并寻找冷却液不足原因。若液面降低是因为水蒸发所致,则应向冷却系添加蒸馏水或去离子水,切勿加入井水、自来水等硬水。

(5)由于使用过程中要消耗冷却液中的添加剂,冷却液一般规定使用1~2年应更换,或按照冷却液使用说明执行。

(四)冷却液的检查

冷却液面必须符合规定,满足冷却系统的工作要求。因此,应定期检查液面高度。

为正确检查冷却液液面,检查前应关闭发动机,待其停止运转后方可检查。发动机处于冷态时,冷却液液面必须处于最高、最低两标记之间(图4-8-6),一旦达到热态,液面可能略高于最高标记。

如果液面过低,在汽车行驶时造成冷却液温度过高,冷却液温度显示和冷却液警报灯即会持续闪亮(图4-8-7),此时应立即停车熄灭发动机,并检查液面(**注意**:发动机是热状态,不要直接打开散热器盖,以防热水喷出烫伤)。如果冷却液大量损耗,则必须等发动机冷却后时才可添加冷却液,以免损伤发动机。

图 4-8-6　冷却液液面高度

图 4-8-7　冷却液温度显示

八、汽车其他工作油液

(一) 风窗玻璃洗涤液

风窗玻璃洗涤液主要用于汽车的前、后风窗玻璃的清洗。

风窗玻璃洗涤液的性能要求有如下方面。

(1) 冬季使用的风窗玻璃洗涤液,应具有较低的凝点,一般要求风窗玻璃洗涤液的凝点为 -20℃,对于特别寒冷地区可特殊配制。

(2) 风窗玻璃洗涤液对刮水器的材料如铝、不锈钢、锌、橡胶、塑料和涂料等不应产生腐蚀和影响。

(3) 由于风窗玻璃洗涤液常存放于发动机舱内,温度变化范围大,易发生分离、沉淀和造成机构内部堵塞,如不能保证正常喷射,就不能确保驾驶员的视野。因此,要求风窗玻璃洗涤液在低温和高温交变时,应没有分离和沉淀。

(4) 要对人皮肤、呼吸系统无刺激性。

(二) 减振器油

现代汽车,为了减少振动,使汽车在不平的道路上平稳行驶,以提高汽车的舒适性同时延长汽车的使用寿命,都装有减振系统,其中大部分车辆采用液压减振器(图 4-8-8)。

汽车减振器油是汽车减振器的工作介质,它是利用液体流动通过节流阀时产生的阻力来起减振作用的。

减振器油的品种不多,选用时应选具有优良性能并符合质量要求的减振器油。目前一般采用 HV 类专用汽车减振器油。

图 4-8-8　液压减振器

(三)空调制冷剂

制冷剂又称制冷工质,是制冷循环的工作介质,利用制冷剂的相变来传递热量,既制冷剂在蒸发器中汽化时吸热,在冷凝器中凝结时放热。当前能用作制冷剂的物质有80多种,最常用的是氨、氟利昂类、水和少数碳氢化合物等。

根据汽车空调系统的特点,对空调制冷剂提出了如下要求:
①蒸发潜热大,且易于液化;②化学稳定性好,不易变质;③工作温度和压力适中;④对金属物件无腐蚀;⑤不可燃、不爆炸;⑥无毒性、无污染;⑦可与冷冻机油按照任何比例互溶。

最早在汽车上使用的空调制冷剂是R12,它具有制冷能力强、化学性质稳定、安全性好等优点。但当R12释放在大气中后,会消耗破坏臭氧层,给人类和生物带来危害,故随着环保要求的提高而逐渐被R134a替代,我国于2010年已全面禁止使用R12作为空调制冷剂。

(四)空调压缩机油

空调压缩机油通常称为冷冻机油。它在空调压缩机内的主要功能是润滑压缩机的摩擦面,降低摩擦阻力,减少摩擦功的损耗和防止磨损,并从摩擦面表面带走热量,起冷却和散热作用,在活塞(转子)与汽缸及压缩机轴油封处起密封作用,防止制冷剂泄漏。

冷冻机油要根据制冷压缩机的种类、工作工况和制冷剂的类型进行正确选择。

为了实现冷冻机油在空调压缩机内的功用,对其提出了如下性能要求:
(1)具有适宜的黏度和良好的黏温性能。
(2)具有与制冷剂接触时良好的热和化学稳定性。
(3)与制冷剂的溶解性、分离性好。
(4)具有优良的润滑性。
(5)水含量应尽量低。
(6)对材料的相容性好。

单元五　汽车维修工量具与常用设备

课题一　汽车维修通用工具

　　传统汽车维修靠的是"三分技术、七分工具",由此可见,正确地选用工具对汽车维修来说是何等重要。但很多维修技术人员不太重视工具的使用方法,使用扳手、钳子等通用工具不规范,导致不能顺利完成维修工作。本项目将对汽车维修通用工具的选用及使用作出详细的介绍。

　　汽车维修通用工具包括套筒、扳手、钳子、螺丝刀、电动及气动工具等。

一、套筒及配套工具的选用及使用

　　套筒扳手是拆卸螺栓最方便、灵活且安全的工具。使用套筒扳手不易损坏螺母的棱角。根据工作空间大小、拧紧力矩要求和螺栓或螺母的尺寸来选用合适的套筒头。

　　套筒呈短管状,一端内部呈六角形或十二角形,用来套住螺栓头;另一端有一个正方形的头孔,该头孔用来与配套手柄的方榫配合,如图5-1-1所示。按所拆卸螺栓的扭矩和使用的工作环境不同,可将套筒分为大、中、小三个系列,并以配套手柄方榫的宽度来区分。常见的有6.3mm系列、10mm系列和12.5mm系列,如使用英寸表示,则对应为1/4in系列、3/8in系列和1/2in系列。

(一)套筒的类型

　　除常见的标准套筒外,还有很多特殊套筒,如六角长套筒、风动套筒、六角或十二角花形套筒、旋具套筒等。如头部制成特殊形状的螺栓、螺母,就必须采用专用套筒进行拆卸。

单元五　汽车维修工量具与常用设备

图 5-1-1　套筒

1. 六角长套筒

六角长套筒的深度比标准套筒深 2～3 倍,是汽车维修工作中最常用的改型套筒之一。

2. 风动套筒

风动套筒(图 5-1-2)专门配套气动冲击扳手使用,如使用普通套筒,气动冲击扳手在工作时会产生瞬间强力冲击,可能会损坏套筒。风动专用套筒使用特殊铬钢合金制作,并且在制作工艺上加大壁厚,降低强度,增强韧性,使其能适应恶劣的工作环境。气动冲击扳手的方榫部设计有 O 形锁圈,用来防止套筒在工作时从气动扳手上甩出。

图 5-1-2　风动套筒

3. 花形套筒

花形套筒(图 5-1-3)是专门用来拆卸花形螺栓头螺栓的。在拆卸时,花形套筒可与这种螺栓头实现面接触,并采用曲面结构,在缩小体积的同时可增加拆卸力矩。在现代车型上,花形头螺栓的使用逐渐增多,经常用于车门安装螺栓或进气歧管的双头螺栓等。

套筒内径形状有六角和十二角(双六角)两种类型(图5-1-4)。内六角花形套筒与螺栓、螺母的表面接触面大,不易损坏螺栓、螺母表面;十二角花形套筒各角之间只间隔30°,可以很方便地套住螺栓,适合于在狭窄的空间中拆卸螺栓。注意:十二角花形套筒不能拆卸大扭矩或棱边已磨损的螺栓,因为它与螺栓的接触面小,容易损坏螺栓的棱角或出现滑脱产生安全事故。

图5-1-3　花形套筒

图5-1-4　六角和十二角花形套筒

在花形套筒的尺寸标示中,首先是"T"和"E"的区分,然后才是尺寸数字区别。花形旋具头被称为T形(柱头),而花形套筒被称为E形(沉头),如图5-1-5所示。

4. 旋具套筒

旋具套筒(图5-1-6)与配套手柄配合,组合成各式各样的螺丝刀或六角扳手,用来拆卸螺栓头为特殊形状的螺栓或拧紧力矩过大的小螺钉。

图5-1-5　T形柱头与E形沉头

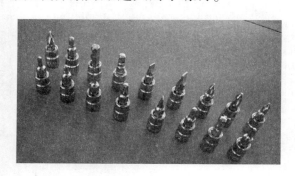

图5-1-6　旋具套筒

随着汽车制造技术的发展,汽车中内六角及内六花螺栓的使用频次越来越多。传动带轮上的无头螺钉、变速器的放油螺栓以及减振器活塞杆的紧固螺栓等都使用了上述螺栓。如果要拆卸这种螺栓,就必须使用专用的内六角和内六花扳手。

在使用螺丝刀紧固开有一字或十字的螺钉时,容易发生上浮现象,拧紧力矩受到限制。因此在汽车上内六角和内六花螺栓的使用量不断增加。各种类型的旋具套筒与旋具头如图5-1-7~图5-1-12所示。

单元五　汽车维修工量具与常用设备

图 5-1-7　一字形旋具套筒及旋具头

图 5-1-8　十字形旋具套筒及旋具头

图 5-1-9　米字形旋具套筒及旋具头

图 5-1-10　花形旋具套筒及旋具头

图 5-1-11　六角旋具套筒及旋具头

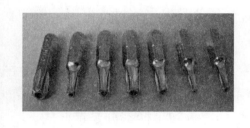

图 5-1-12　中孔花形旋具头

旋具套筒与不同手柄配合会起到不同作用,如图 5-1-13 所示。可用棘轮扳手实现快速旋拧,也可接上接杆加长使用,对普通螺丝刀无法拧动的螺钉可以施加较大力矩。使用时,一定要给予旋具套筒足够的下压力,防止旋具套筒滑出螺钉头。旋具头接头是用来连接旋具头及配套手柄的必备配套工具,如果没有旋具头接头,旋具头将无法使用。

二、各种扳手的选用及使用

扳手(图 5-1-14)是汽车修理中最常用的一种工具,主要用于扭转螺栓、螺母或带有螺纹的零件。如果扳手选用不当或使用不当,不但会造成工件和扳手损坏，还可能引发危及人身安全方面的事故。因此，正确地选用和使用扳手显得尤为重要。扳手种类繁多，常见的有梅花扳手、开口扳手、组合扳手、活动扳手等。在拆卸螺栓时，应按照"先套筒扳手、后梅花扳手、再开口扳手、最后活动扳手"的选用原则进行选取。

图 5-1-13　旋具套筒与手柄配合使用

图 5-1-14　扳手

在选用扳手时，要注意扳手的尺寸，尺寸是指它所能拧动的螺栓或螺母正对面间的距离。例如扳手上表示有 22 mm，即此扳手所能拧动螺栓或螺母棱角正对面间的距离为22mm。扳手的选用还要依据紧固件的力矩，以及扳手是否容易接近螺栓螺母。

现在常见的工具都有公制、英制两种尺寸单位。公制扳手用毫米（mm）标示，一套公制扳手的尺寸范围一般为 6~32mm，以 1 mm、2 mm 或 3 mm 为一级。

1. 梅花扳手

梅花扳手（图5-1-15）两端呈花环状，其内孔是由 2 个正六边形相互同心错开30°而成。很多梅花扳手都有弯头，常见的弯头角度在 10°~45°之间，从侧面看旋转螺栓部分和手柄部分是错开的。

图 5-1-15　梅花扳手

这种结构方便于拆卸装配在凹陷空间的螺栓、螺母，并可以为手指提供操作间隙，以防止擦伤。

在使用梅花扳手时，左手推住梅花扳手与螺栓连接处，保持梅花扳手与螺栓完全配合，防止滑脱，右手握住梅花扳手另一端并加力。

扳转时，严禁将加长的管子套在扳手上以延伸扳手的长度增加力矩，严禁捶击扳手以增加力矩，否则会造成工具的损坏。

2. 棘轮（梅花）扳手

棘轮扳手（图5-1-16）也称为梅花快扳，它是普通梅花扳手的改进产品，它在梅花扳手的花环部增加了棘轮装置。梅花棘轮扳手可代替传统的棘轮扳手加套筒，更加适合在狭窄空间工作。

图 5-1-16　棘轮扳手

梅花棘轮扳手可以提供更小的转换角度。普通梅花扳手需要旋转30°才能转动一个螺栓，而世达梅花棘轮扳手只需旋转5°，如图5-1-17所示。

3. 开口扳手

开口扳手（图5-1-18）两头均为U形的钳口，可套住螺栓或螺母六角的两个对向面。开口扳手主要适用于无法使用套筒扳手和梅花扳手操作的位置。因为有些螺栓或螺母必须从横侧插入，此时开口扳手可以做到，而梅花扳手则不行。

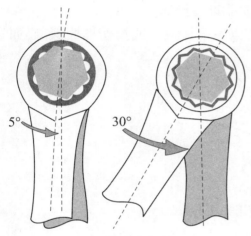

图 5-1-17　梅花扳手可提供更小的转换角度

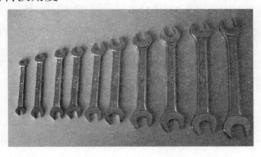

图 5-1-18　开口扳手

开口扳手的钳口与手柄存在一定的角度，这样可以通过反转开口扳手来增加适用空间，如图5-1-19所示。

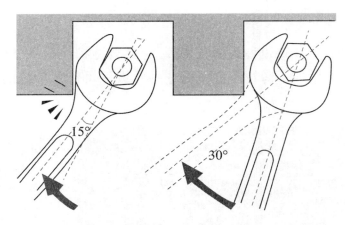

图 5-1-19　开口扳手的使用

选择开口扳手时,要根据螺栓头部的尺寸来确定合适的型号,并确保钳口的直径与螺栓头部直径相符,配合无间隙,然后才能进行操作。

扳转时禁止在开口扳手上加套管或捶击,以免损坏扳手或损伤螺栓螺母,如图 5-1-20 所示。

图 5-1-20　错误使用方法

4. 两用扳手

两用扳手(图 5-1-21)也称组合扳手,是把梅花扳手和开口扳手组合在一起,一端为开口端,另一端为梅花端,这种组合扳手使用起来十分方便。在紧固过程中,可先使用开口端把螺栓旋到底,再使用梅花端完成最后的紧固,而拧松时则先使用梅花端。不可使用开口端作最后的拧紧,如果必须使用开口扳手作最后拧紧,要完全按照螺栓或螺母拧紧力矩要求,不能过大,否则会导致螺栓棱角损坏。

5. 活动扳手

活动扳手(图 5-1-22)也叫可调扳手,适用于尺寸不规则的螺栓、螺母,它能在一定范围内任意调节开口尺寸。一个可调扳手可用来代替多个开口扳手。活动扳手由固定钳口和可调钳口两部分组成,扳手的开度大小通过调节螺杆进行调整。

使用活动扳手时应先将活动扳手调整合适,使活动扳手钳口与螺栓、螺母两对边完全贴紧,不应存在间隙。使用时,要使活动扳手的可调钳口部分受推力,固定钳口受拉力,只有这样施力,才能保证螺栓、螺母及扳手本身不被损坏,如图 5-1-23 所示。如果不按照这种方法转动扳手,会使压力作用在调节螺杆上,在施力时促使钳口变大,将损坏螺栓、螺母的棱角和扳手本身。

图 5-1-21　两用扳手

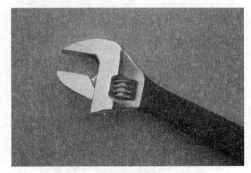

图 5-1-22　活动扳手

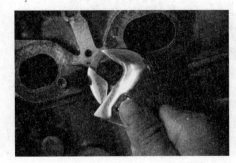

图 5-1-23　活动扳手的使用方法

6. 其他特殊扳手

(1) 油管拆卸专用扳手(图 5-1-24)。维修制动液管路时的必备工具,它是介于梅花扳手与开口扳手之间的一种扳手。根据它的结构和功能,与其说它是开口扳手,还不如说是梅花扳手的变形形式更恰当一些。

它既能像梅花扳手一样保护螺栓的棱角,又能像开口扳手一样从侧面插入,实施旋拧,但不能实施大拧紧力矩的紧固操作。

(2) 内六角扳手(图 5-1-25)。拆卸内六角和花形内六角螺栓时,除旋具套筒头外,还可以使用专用内六角和花形内六角扳手,此类扳手多为 L 形。长端的尾部设计成球形,有利于内六角扳手从不同角度操作,便于狭小角度空间使用。使用 L 形的六角扳手和花形内六角扳手时,手持长端,可进行拧松或紧固;手持六角扳手的短端,可用于快速旋拧螺栓,如图 5-1-26 所示。

在使用内六角扳手时,应选取与螺栓内六方孔相适应的扳手,并且严禁使用任何加长装置。

图 5-1-24　油管拆卸专用扳手

图 5-1-25　内六角扳手

图 5-1-26　内六角扳手的使用方法

三、各种钳子的选用及使用

钳子用于弯曲小的金属材料,夹持扁形或圆形零件,切断软的金属丝等。

在汽车维修中,常用的类型有钢丝钳、鲤鱼钳、尖嘴钳、斜嘴钳、水泵钳、卡簧钳、大力钳、管钳等,如图 5-1-27 所示。应根据在汽车维修中所要达到的不同目的来选用不同种类的钳子,并且还要考虑工作空间的大小等因素。

1. 钢丝钳

钢丝钳是最常见的一种钳子,结构如图 5-1-28 所示,它可以用来切断金属丝或夹持零件。

图 5-1-27　钳子

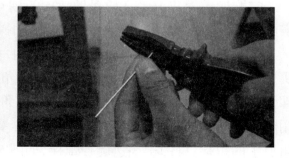

图 5-1-28　钢丝钳

使用钢丝钳时,用手握住钳柄后端,使钳口开闭,钳口前端主要用于夹持各种零件,根部的刃口可用来切割细导线。当钢丝钳切断较硬的钢丝等物体时,禁止使用锤子击打钳子来增加切削力,这样会损坏钢丝钳。

2. 尖嘴钳

尖嘴钳的结构如图 5-1-29 所示,钳口长而细,特别适合在狭窄空间里使用。在狭窄的空间中,钢丝钳无法满足工作条件时,可用尖嘴钳代替。

3. 斜口钳

斜口钳也称剪钳,如图 5-1-30 所示,主要用于切割金属丝或导线。斜口钳的钳口有刃口,且尖部为圆形,不具备夹持零件的作用,只能用于切割金属丝或导线。斜口钳可以剪切钢丝钳和尖嘴钳不能剪切的细导线或线束中的导线。

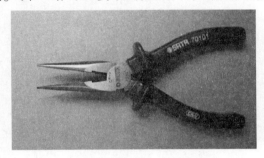
图 5-1-29　尖嘴钳

图 5-1-30　斜口钳

4. 鲤鱼钳

鲤鱼钳也称鱼嘴钳,如图 5-1-31 所示,主要用于夹持、弯曲和扭转工件。鲤鱼钳的手柄一般较长,可通过改变支点上槽孔的位置来调节钳口张开的程度。在用钳子夹持零件前,必须用防护布或其他防护罩遮盖易损坏件,防止锯齿状钳口对易损件造成伤害。

5. 水泵钳

水泵钳,也称鸟嘴钳,如图 5-1-32 所示,结构与作用同鲤鱼钳相似,这两种钳子在有些资料中统称为多位钳。在实际维修中,鲤鱼钳和水泵钳可用于拆卸散热器软管和制动系统活塞复位。严禁把鲤鱼钳和水泵钳当成扳手使用,因为锯齿状钳口会损坏螺栓或螺母的棱角。

6. 大力钳

大力钳有双杠杆作用,能通过钳爪给工件施加一个较大的夹紧力,如图 5-1-33 所示。钳爪的开口尺寸可通过手柄末端的滚花螺钉来调节。向外旋松调整螺钉时,钳口张开的尺寸增大;向里旋拧调整螺钉时,钳口张开的尺寸将减小。当大力钳夹紧物体时,如果想释放被夹持的物体,扳压一下释放手柄,在杠杆力的作用下,钳口将会释放工件。在实际维修中,大力钳主要用于夹紧头部已损伤的螺钉并进行拆卸,另外大力钳还具有临时固定等待焊接的钣金件等作用。

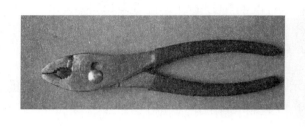

图 5-1-31　鲤鱼钳

图 5-1-32　水泵钳

7. 管钳

管钳,如图 5-1-34 所示,主要用于扳动管状零件,管钳的头部有活动钳口和固定钳口两种。管钳头部的钳爪开口成 V 形,当管钳卡在管子上时,V 形开口设计会让锯齿状的钳爪夹紧管状零件。

图 5-1-33　大力钳

图 5-1-34　管钳

8. 卡簧钳

卡簧钳是专门用来拆卸和安装卡簧的工具,如图 5-1-35 所示。卡簧(弹性挡圈)装在轴或孔的卡簧槽里,起定位或阻挡作用。根据使用范围不同,卡簧钳分为轴用和孔用两种。这两种卡簧钳均有直嘴和弯嘴两种结构类型。

轴用卡簧钳可用于将卡簧胀开,以便将卡簧从轴上拆下。孔用卡簧钳可以将卡簧收缩,以便将卡簧从轴孔内取出,如图 5-1-36 所示。

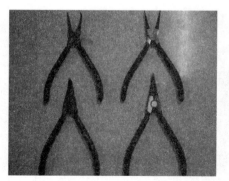

图 5-1-35　卡簧钳

图 5-1-36　轴用与孔用卡簧钳

四、各种螺丝刀的选用及使用

螺丝刀俗称改锥或起子，主要用于旋拧小扭矩、头部开有凹槽的螺栓和螺钉，如图 5-1-37 所示。螺丝刀的类型取决于本身的结构及尖部的形状，常用的有一字螺丝刀、十字螺丝刀。一字螺丝刀用于单个槽头的螺钉，十字螺丝刀用于带十字槽头的螺钉。

尖部形状相同的螺丝刀，尺寸也不完全一样，如梅花螺丝刀。在汽车维修中经常用到头部尺寸是 2 号的螺丝刀，但也有更大一点的 3 号和更小一点的 1 号，甚至还有更小的微型螺丝刀。选用螺丝刀时，应先保证螺丝刀头部的尺寸与螺钉的槽部形状完全配合，选用不当会严重损坏螺

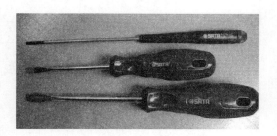

图 5-1-37　螺丝刀

丝刀。使用螺丝刀时，应右手握住螺丝刀，手心抵住柄端，螺丝刀与螺钉的轴心必须保持同轴，压紧后用手腕扭转，拆卸时螺钉松动后用手心轻压螺丝刀，并用拇指、食指、中指快速旋转手柄。特殊螺丝刀的选用及使用见表 5-1-1。

特殊螺丝刀的选用及使用　　　　　　　　　　　　　　表 5-1-1

类　型	使用原理	图　示
通心螺丝刀	通心螺丝刀的金属杆贯穿整个手柄，可通过对尾部的捶击，达到对螺钉的冲击效果	
短柄螺丝刀	短柄螺丝刀便于在有限的空间内拆卸并更换螺钉，如拆卸仪表板及处于发动机舱的狭窄位置处的螺钉，使用短柄螺丝刀将更加方便	

续上表

类 型	使用原理	图 示
方柄螺丝刀	可使用开口扳手进行辅助拧动，主要用在需要大扭矩拆装的地方。采用开口扳手辅助拧动时，应用右手压紧螺丝刀，使螺丝刀与螺钉完全配合，防止滑出后损坏螺钉槽口	
冲击螺丝刀	冲击螺丝刀也称锤击式加力螺丝刀。如果螺钉、螺栓生锈或拧得过紧，就需要施加较大的力才能把它旋动。冲击螺丝刀通过实施瞬间冲击力以达到拆卸目的	
精密螺丝刀	精密螺丝刀是一种型号非常小的螺丝刀，主要用于维修电子设备，可用来拆卸并更换精密零件。在汽车维修中，如维修汽车音响、CD 等，就需要精密螺丝刀	

五、其他通用工具的选用及使用

1. 滑脂枪

滑脂枪俗称黄油枪，是用来加注润滑脂的工具，其结构如图 5-1-38 所示，其原理是通过杠杆手柄反复压动，通过内部的压油阀经出油嘴把润滑脂加注到需要润滑的部位。使用时，首先旋下枪筒，拉出后端拉杆，从前部将润滑脂装入枪筒内。

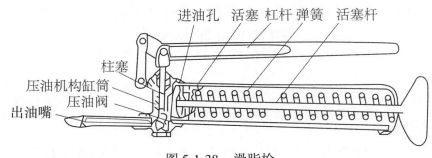

图 5-1-38　滑脂枪

2. 拔拉器

拔拉器也称拉卸器或扒马，俗称扒子，如图 5-1-39 所示，主要用于汽车维修中静配合副和轴承部位的拆装，常见的拔拉器有两爪和三爪两种类型。

图 5-1-39 拔拉器

拔拉器的结构由拉臂和中心螺杆组成,螺杆前端加工为锥形,后端有供扳手拧动的内六角。使用拔拉器拆卸不会破坏工件配合性质和工作表面,如拆卸曲轴皮带轮、齿轮等零件应选用三爪拔拉器,而拆卸轴承等零件最好使用两爪拔拉器。

使用时,拉臂能抓住所要拆卸的部件,使用扳手旋进中心螺杆,随着中心螺杆的旋入,拉臂上就会产生很大的拉力,直到把部件拆下。

课题二 常用测量工具的选用及使用

一、简单测量工具的选用及使用

1. 钢直尺

钢直尺(图 5-2-1)是最基本的测量工具,是用薄钢板制成的,它一般用于精度要求不高的测量,可以直接测量出工件的尺寸。钢尺一般有钢直尺、钢卷尺等。

使用钢直尺时,要以端边的"0"刻线作为测量基准。这样,在测量时不仅容易找到测量基准,而且便于读数和计数,如图 5-2-2 所示。

 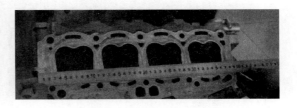

图 5-2-1 钢直尺   图 5-2-2 钢直尺的使用方法

测量时,钢直尺要放平、放正,刻度面朝上、朝外,不得前后、左右歪斜,否则,从尺上读得的数比被测得实际尺寸大。读数时,视线必须与尺面相垂直,以免读数产生误差;被测平面要平,否则测出的数不是被测件的实际尺寸。

2. 钢卷尺

一般来讲,钢卷尺的刻度单位与钢直尺刻度单位相同。钢卷尺(图5-2-3)按其结构可分为自卷式卷尺和制动式卷尺两种。钢卷尺由一条薄的富有弹性的钢带制成,其整条钢带上刻有长度标志。钢带两边最小刻度为毫米(mm),总长度有2m、3m、5m、10m、15m等类型。钢卷尺通常用来测量长度超过1m的零部件。

图5-2-3 钢卷尺

使用卷尺和使用钢直尺一样,不得前后左右歪斜,而且要拉紧尺带进行测量。

使用自卷式或制动式卷尺时,拉出尺带不得用力过猛,而应徐徐拉出,用完后也应让它徐徐退回。对于制动式卷尺,应先按下制动按钮,然后徐徐拉出尺带,用完后按下制动按钮,尺带自动收卷。尺带自动收卷时,应防止尺带伤人。

3. 直角尺

直角尺(图5-2-4a)一般用来检查工件的内外角或直角度研磨加工核算,不论何种形式的直角尺都是由一个短边和一个长边构成,图5-2-4b)是在平面板上用直角尺进行气门弹簧的倾斜度测试。

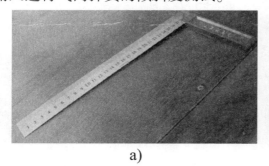

a)   b)

图5-2-4 直角尺

直角尺使用时,将尺座一面紧靠工件基准面,尺杆向工件另一面靠拢。

观看尺杆与工件贴合处,其透过光线是否均匀:透过光线均匀,工件两邻面垂直;透过光线不均匀,两邻面不垂直,即不成直角。

使用直角尺时,应注意避免在高温或潮湿的场所从事测量作业以及保养。由于钢制品容易生锈,在使用后一般应涂上一层凡士林或机油。

4. 厚薄规

厚薄规(图5-2-5)又称塞尺或间隙片,是一组淬硬的钢条或刀片,这些淬硬钢条或刀片被研磨或滚压成为精确的厚度,它们通常都是成套供应。在汽车维修工作中主要用于测量气门间隙、触点间隙和一些接触面的平直度等。

图 5-2-5 厚薄规

每条钢片标出了厚度(单位为 mm),它们可以单独使用,也可以将两片或多片组合在一起使用,以便获得所要求的厚度,最薄的一片可以达到 0.02mm。常用塞尺长度有 50mm、100mm、200mm 三种。

例如如图 5-2-6 所示,用 0.2mm 的塞尺片刚好能插入两工件的缝隙中,而 0.3mm 的塞尺片插不进,则说明两工件的结合间隙为 0.2mm。测量时,必须平整插入,松紧适度,所插入的钢片厚度即为间隙尺寸。严禁将钢片用大力强硬插入缝隙测量。

当塞尺同一把直尺一起使用时,塞尺可用来检查零件的平直度,如汽缸盖的平直度。

由于塞尺很薄,容易弯曲或折断,测量时不能用力太大。测量时应在接合面的全长上多处检查,取其最大值,即为两接合面的最大间隙量。测量后及时将测量片合到夹板中去,以免损伤各金属薄片。

图 5-2-6 厚薄规的使用方法

二、千分尺的选用及使用

千分尺(图5-2-7)也称为螺旋测微器,它是利用螺纹节距来测量长度的精密测量仪器,是一种用于测量加工精度要求较高的零部件,汽车维修工作中一般使用可以测至1/100mm的千分尺,其测量精度可达到0.01mm。

外径千分尺是用于外径宽度测量的千分尺,测量范围一般为0~25mm。

图5-2-7 千分尺

根据所测零部件外径粗细,可选用测量范围为0~25mm、25~50mm、50~75mm、75~100mm等多种规格的千分尺。

外径千分尺的结构如图5-2-8所示,主要由测砧、测微螺杆、尺架、固定套筒、套管、棘轮旋钮及锁紧装置等部件组成。

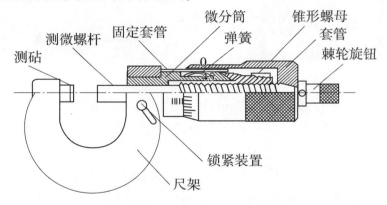

图5-2-8 外径千分尺的结构

固定套筒上刻有刻度,测轴每转动一周即可沿轴方向前进或后退0.5mm,如图5-2-9所示。活动套管的外圆上刻有50等份的刻度,在读数时每等份为0.01mm。

棘轮旋钮的作用是保证测轴的测定压力,当测定压力达到一定值时,限荷棘轮即会空转。如果测定压力不固定则无法测得正确尺寸。

图5-2-9 外径千分尺的刻度

套筒刻度可以精确到0.5mm(可以读至0.5mm),由此以下的刻度则要根据套筒基准线和套管刻度的对齐线来读取读数。

如图5-2-10所示,套筒上的读数为55mm,套管上的0.01mm的刻度线对齐基准线,因此读数是:55mm+0.01mm=55.01mm。

又如图 5-2-11 所示,套筒上的读数为 55.5mm,套管上的 0.45mm 的刻度线对齐基准线,因此读数是:55.5mm+0.45mm=55.95mm。

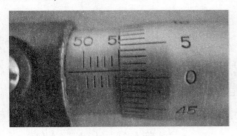 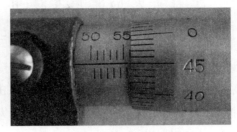

图 5-2-10 千分尺的读数方法(1)　　图 5-2-11 千分尺的读数方法(2)

测量器的零点校正应按下列程序操作:

(1)仔细清理测定面后,将标准量规夹在测轴和砧子之间,慢慢转动限荷棘轮,当棘轮转动一圈半并发出 2~3 次"咔咔"声后,即能产生正确的测定压力,检视指示值。

(2)活动套管前端面应在固定套筒的"0"刻线位置,且活动套管上的"0"刻线要与固定套筒的基准线对齐。若两者中有一个"0"刻线不能对齐,则该千分尺有误差,应检查调整后才能继续测量。

(3)根据以上方法进行校正后,如果零点有偏差,应先检查测定面接触状况是否良好,然后再根据误差的大小进行调整。

(4)当误差在 0.02mm 以下时,把调整扳手的前端插入固定套筒内,转动套筒使活动套管的"0"刻线和套筒上的基准线对齐,经几次调整后,再进行零点检查,若还有偏差则根据上述方法再次调整。

当误差在 0.02mm 以上时,如只调整套筒,则会因套筒基准线的移动导致不易读取刻度。当误差在 0.02mm 以上时的调整步骤如下:

(1)使用调整扳手紧固活动套管和测轴,如图 5-2-12 所示。

(2)松解棘轮螺钉,转动套管大致调整零点的偏差在 0.02mm 以下后,紧固棘轮螺钉,如图 5-2-13 所示。

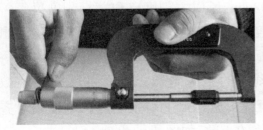 

图 5-2-12 使用调整扳手紧固活动套筒和测轴　　图 5-2-13 松解棘轮螺钉

(3) 再次进行零点校正,确定误差在 0.02mm 以下后,再按前项利用固定套筒进行微调。

三、游标卡尺的选用及使用

游标卡尺(图 5-2-14)又称四用游标卡尺,简称卡尺,是由刻度尺和卡尺制造而成的精密测量仪器,能够正确且简单地完成长度、外径、内径及深度的测量操作。在汽车维修工作中,使用频次最多的是精度为 0.02mm 的游标卡尺。

游标卡尺根据最小刻度的不同分为 0.05mm 和 0.02mm 两种。有些游标卡尺使用电子读数显示小数部分,如图 5-2-15 所示,这种标尺的测量精度可达到 0.005mm 或 0.001mm。常用的游标卡尺的测量范围是 0~150mm,应根据所测零部件的精度要求选用合适规格的游标卡尺。

图 5-2-14 游标卡尺

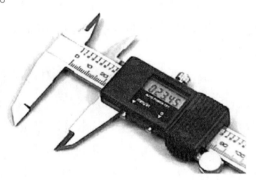

图 5-2-15 电子读数显示小数部分

有一些游标卡尺是专门用来测量内径的,如汽车制动鼓的测量等,其量爪结构如图 5-2-16 所示,这种游标卡尺的好处是不受被测物体内径边缘凸起的影响。

图 5-2-16 专用于内径测量的游标卡尺

游标卡尺主刻度尺和游标刻度尺每个刻度差是 0.02mm,这就是此游标刻度尺的测量精度。主刻度尺每个刻度为 1mm,游标刻度尺每个刻度为 49mm/50 = 0.98mm,所以主刻度尺和游标刻度尺每一刻度尺差为 0.02mm。读数时,首先读出游标零线左边与主刻度尺身相邻的第一条刻线的整毫米数,即测得尺寸的整数值,如图 5-2-17 所示,读数为 13.00mm。再读出游标尺上与主刻度尺刻度线对齐的那一条刻度线所表示的数值,即为测量值的小数,如图所示为 0.44mm。

单元五　汽车维修工量具与常用设备

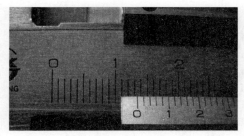 

图 5-2-17　游标卡尺读数方法

把从尺身上读得的整毫米数和从游标尺上读得的毫米小数加起来即为测得的实际尺寸为：$13+(0.02\times 22)=13+0.44=13.44(\mathrm{mm})$。

在从事测量作业之前，必须事先清理测量零件及游标尺。在测量外径时，需要将零件深夹在量爪中，如图 5-2-18 所示，然后用右手拇指轻压游标卡尺，同时使测定工件和游标卡尺保持垂直状态。内径尺寸的测量按右图测定，首先是用拇指轻轻拉开副尺，并使主尺量爪与测定物件保持正确的接触，上下晃动，由指示的最大尺寸读取读数。

此外，用游标卡尺还可以测量汽车零部件的深度。

四、百分表及量缸表的选用及使用

百分表（图 5-2-19）利用指针和刻度将心轴移动量放大来表示测量尺寸，主要用于测量工件的尺寸误差以及配合间隙。

图 5-2-18　测量外径的方法　　图 5-2-19　百分表

课题三　汽车维修专用工具的选用及使用

在汽车维修的过程中，有很多零件及螺栓螺母通过普通工具无法进行拆装，这就需要专用工具。

专用工具是针对某些特殊零件或特殊部位的拆装而设计研发的,如活塞环压缩器、气门弹簧压缩钳、机油滤清器专用扳手、减振弹簧压缩器等。

一、发动机维修常见专用工具的选用及使用

1. 活塞环装卸钳

活塞环装卸钳主要用于从活塞环槽中取出或装入活塞环。活塞环镶放在活塞环槽内,如果想取出或装入,必须克服活塞环的弹力,使活塞环内径要大于活塞直径,才能正常取出。

常用活塞环装卸钳的结构如图5-3-1所示。

如果不使用活塞环装卸钳而直接手工拆卸,很容易由于用力不均把活塞环折断,所以拆卸活塞环时必须采用专用装卸钳。使用活塞环装卸钳时,用环卡卡住活塞环开口间隙,轻握手柄慢慢收缩,在杠杆力的作用下,活塞环会逐渐张开,当其略大于其活塞直径时,便可将活塞环从环槽内装入或取出。使用时,活塞环要与钳面紧贴,手柄要轻握;张开活塞环时,不可用力过猛,以防滑脱;同时,张开开口不宜过大,以防折断,如图5-3-2所示。

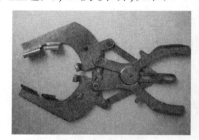

图5-3-1 活塞环装卸钳　　图5-3-2 活塞环装卸钳的使用方法

2. 活塞环压缩器

如果想将活塞及活塞环装入汽缸,必须将活塞环包紧在活塞环槽内,因为活塞环本身弹性的作用,活塞环在自由状态下的外圆直径将大于活塞直径及汽缸直径。活塞环压缩器(图5-3-3)一般用带有刚性的铁皮制成。活塞环压缩器的大小、型号有所不同,选用时要根据活塞的直径选择合适的压缩器。安装活塞环时,应将各环口位置正确地分布后,将活塞环压缩器包裹在活塞的外面,然后使用配套扳手收缩压缩器,将活塞环压入环槽内。

将带压缩器的活塞下部放入汽缸内,并要求压缩器的下平面要和汽缸体的上平面结合好。使用木棒等工具锤击活塞顶部,使活塞顺利进入汽缸内,如图5-3-4所示。

图 5-3-3　活塞压缩器

图 5-3-4　活塞环压缩器的使用方法

现在有些4S店中，维修车型比较单一，在安装活塞时经常使用压环器，其形状为锥形管状体，将装好活塞环的活塞及连杆放入压环器内，由于锥形结构将使活塞环自动压入活塞内，活塞连杆组就能很容易地进入汽缸了。

3. 气门铰刀

如果维修配气机构时，气门与气门座密封不严，就需要进行铰削和研磨工艺，这就必须选用汽车维修专用气门铰刀。气门铰刀(图 5-3-5)由导杆、手柄和不同角度的铰刀头组成。实际维修时应根据气门的直径和气门导管内径来选择铰刀和铰刀导杆。根据作用不同，铰刀头可分为 15°、30°、45° 及 75° 等多种类型。

选择好导杆和铰刀头后进行组装，把导杆的下端置于气门导管内，起导向和定位作用。铰削气门座时，导杆要保持垂直，两手用力要均匀，转动要平稳，将气门工作面的烧蚀、斑点、凹陷等缺陷铰去，如图 5-3-6 所示。

图 5-3-5　气门铰刀

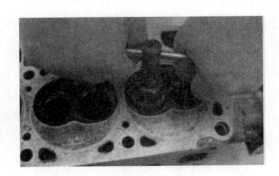

图 5-3-6　气门铰刀的使用方法

铰削时，用 45° 或 30° 铰刀铰削气门座的工作面，用 75° 铰刀铰削 15° 上斜面，用 15° 铰刀铰削 75° 下斜面。铰削结束后，应保证气门与气门座的接触面位于气门头部锥面的中下部，接触面宽度为：进气门 1~2 mm，排气门 1.5~2.5 mm。如果接触面位置和尺寸不符合要求，可使用 45° 或 30° 铰刀进行修铰。

4. 气门弹簧钳

气门弹簧钳是专门用于拆装气门的专用工具。在安装发动机气门时,气门弹簧处于预压缩状态,要想拆卸气门或气门锁片,必须对气门弹簧进行压缩。气门弹簧钳的结构形式很多,最常见类型如图5-3-7所示。

使用时将凸台顶住气门头部,压头贴住气门弹簧座,然后下压手柄带动压头和气门弹簧下行,使锁片脱落在压头的凹槽内,如图5-3-8所示。

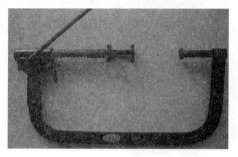
图 5-3-7　气门弹簧钳

图 5-3-8　气门弹簧钳的使用方法

5. 机油滤清器扳手

常见的一次性机油滤清器直径都在8cm以上,顶部被冲压成多棱面(就像一个大螺母),如要拆装需使用专用机油滤清器扳手。常见的机油滤清器扳手类型很多,结构各异,但作用相同,使用操作方法也基本相似。

(1)杯式滤清器扳手:这种滤清器扳手类同一个大型套筒,拆卸不同车型的滤清器需要不同尺寸的扳手,在购买时多为组套形式配装,如图5-3-9所示。

使用时将杯式滤清器扳手套在机油滤清器顶部的多棱面上,使用方法同套筒扳手,如图5-3-10所示。

图 5-3-9　杯式滤清器扳手

图 5-3-10　杯式滤清器扳手的使用方法

（2）环形滤清器扳手：结构为一个可调大小的环形，环形内侧设计为锯齿状，如图 5-3-11 所示。使用时将其套在滤清器顶部的棱面上，扳动手柄，扳手的环形会根据滤清器大小合适地卡在棱面上，顺利地完成拆装工作。

（3）还有一种机油滤清器扳手叫三爪式滤清器扳手，需配套套筒手柄或扳手使用，其内部设计有行星排传递机构，可根据机油滤清器大小自动调节三爪的大小，如图 5-3-12 所示。

图 5-3-11　环形滤清器扳手

图 5-3-12　三爪式滤清器扳手

（4）在没有专用滤清器扳手的情况下，还可使用链条扳手（图 5-3-13）替代专用扳手，达到拆装的目的。

6. 冷却系统压力测试器

现在多数发动机均采用封闭式冷却系统，冷却液温度升高后，会使系统内压力升高。在汽车维修时，如对系统进行检漏，需进行加压，加压工具为专用压力测试器（图 5-3-14）。

图 5-3-13　链条扳手

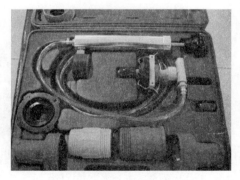
图 5-3-14　冷却系统压力测试器

二、底盘维修常见专用工具的选用及使用

1. 减振器弹簧压缩器

减振器在装配时，向减振弹簧施加了很大的压缩力。要想更换减振阻尼器，

必须拆卸减振器弹簧,但拆卸减振器弹簧则必须使用专用工具对弹簧进行压缩。减振器弹簧压缩器结构如图 5-3-15 所示,它的两根长杆上加工有螺纹,在螺纹杆上设计有爪形勾。使用时,将减振器弹簧压缩器对置于螺旋弹簧的两端,使爪形勾固定于弹簧上。爪形勾固定好后,使用扳手转动螺纹杆,使两爪形勾之间的距离变短,这样就可以将螺旋弹簧进行压缩。

图 5-3-15　减振器弹簧压缩器

2. 球头分离器

有些球头在车上使用时间过长,已经锈死,很难拆卸。球头分离器是使球头分离的很好的专用工具。根据球头的位置不同,设计的球头分离器的结构也不相同。横拉杆球头拉拨器在空间限制时可直接轻易拆除横拉杆球头,如图 5-3-16 所示的横拉杆球头拉拨器适用于大多数轿车及轻型货车的横拉杆球头的拆卸。

图 5-3-16　球头分离器

三、电器维修常见专用工具的选用及使用

1. 密度计(图 5-3-17)

在汽车维修中要经常检测各种液体的密度,如电解液密度、冷却液及喷洗液密度等,可通过密度情况了解蓄电池的充电情况及冷却液的凝固点。

2. 剥线钳(图 5-3-18)

剥线钳是去除导线绝缘层快速、便捷的专用工具,但很多汽车维修技术人员不能正确使用或者干脆使用尖嘴钳等代替。剥线钳的种类

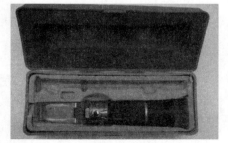

图 5-3-17　密度计

很多,其结构也相差甚远,但对于剥线钳的使用要求却一样。使用时,应根据导线的粗细型号选择相应的剥线刀口。

将准备好的导线放在剥线工具的刀刃中间,选择好要剥线的长度。握住剥线工具手柄,将导线夹住,缓缓用力使导线外表皮慢慢剥落。松开工具手柄,取出电缆线,这时导线的金属整齐的漏在外面,其余绝缘塑料完好无损。

 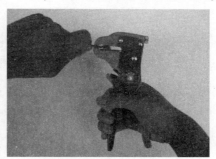

图 5-3-18　剥划钳

3. 火花塞套筒(图 5-3-19)

火花塞套筒专用于火花塞的拆卸及更换,可视为长套筒的一种变形形式,采用薄壁结构以避免与其他部分干涉。

现在的车型主要使用 16mm 类型,旧车型也有采用 21mm 类型的。套筒内部装有磁铁或橡胶圈,因为大多数火花塞都是朝下布置的,必须从火花塞孔深处朝上取出,所以采用橡胶圈或磁铁来防止火花塞掉落。

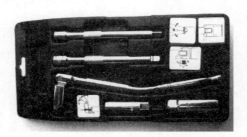

图 5-3-19　火花塞套筒

参 考 文 献

[1] 石岚. 机械基础[M]. 上海:复旦大学出版社,2020.
[2] 孙杰. 汽车机械基础[M]. 北京:机械工业出版社,2020.
[3] 陈永. 金属材料常识普及读本[M]. 北京:机械工业出版社,2016.
[4] 熊建武,周李洪,陆唐. 汽车材料[M]. 武汉:华中科技大学出版社,2019.
[5] 宋锦春. 液压与气压传动[M]. 北京:科学出版社,2021.
[6] 黄仕利,柏令勇. 汽车维修基础[M]. 3版. 北京:人民交通出版社股份有限公司,2019.